KRISTIN GENSEN

MULTIFUNKTIONSKOCHER > KOCHBUCH <

Email: info@edition-lunerion.de
www.edition-lunerion.de

Psiana eCom UG
Berumer Str. 44
26844 Jemgum

Vorwort

Zum Kochen fehlt Ihnen eigentlich die Zeit, vor dem Abwasch graut Ihnen ohnehin, Küchenerfahrung ist Fehlanzeige und trotzdem träumen Sie davon, jeden Tag schmackhaftes und selbstgemachtes Essen auf dem Tisch zu haben? Das geht! Und zwar mit dem unschlagbaren Team aus Multifunktionskocher und diesem Kochbuch – für abwechslungsreichen Genuss in jeder Lebenslage.

Ein Multifunktionskocher sollte in keiner Küche fehlen, die mit Alltagsstress zu kämpfen hat: Denn das Gerät nimmt Ihnen allerhand Arbeit ab, überwacht selbstständig Druck, Temperatur und Zeit, lässt sich sogar im Voraus programmieren und ist die ideale Lösung für Spülmuffel. Darüber hinaus werden Gerichte aller Art mühelos und gelingsicher auf den Teller gezaubert, das schonende Garen erhält wertvolle Inhaltsstoffe und Geschmack und sogar Joghurt lässt sich damit unkompliziert herstellen. Um aus diesem Allround-Talent das Maximum herauszuholen, finden Sie hier eine Riesenauswahl an Rezepten, die mit Frühstücksideen, Suppen, Snacks und Salaten, Hauptgerichten und sogar Desserts und Backwerk Fleischliebhaber, Fischfans, Veggies, Naschkatzen und Gesundheitsbewusste gleichermaßen glücklich macht.

Guten Appetit!

 INHALT

Wissenswertes

Bevor Sie die Vielfalt an Rezeptmöglichkeiten eines Multifunktionskochers ergründen dürfen, möchten wir Ihnen ein paar nützliche Informationen über den Multifunktionskocher mitgeben: Programme, Vorteile, Ausführungen und Erweiterungsmöglichkeiten finden Sie in den folgenden Abschnitten.

WAS IST DER MULTIFUNKTIONSKOCHER?

Der Multifunktionskocher vereint mehrere Küchengeräte in einem: Er ist elektrischer Schnellkochtopf, Reiskocher, Slow Cooker und Dampfgarer zugleich! Sie können Joghurt zubereiten, Kuchen backen, braten und Speisen warm halten – ein wahres Multitalent!

Durch die Möglichkeit, Druck aufzubauen, kann der Multifunktionskocher schnell und schonend Gerichte zubereiten. Grob ist er eine Zusammensetzung aus einem herausnehmbaren Innentopf, einem Heizelement, einem Deckel inklusive Gummiabdichtung und einer Programmierschaltfläche.

PROGRAMME

Es gibt 6 Modi, die unabhängig von den Programmen wie Reis oder Joghurt manuell eingestellt werden können.
Im Modus „Niedriger Druck/Low Pressure“ ist das Ventil geschlossen und ähnelt einem Schnellkochtopf mit mittlerer Hitzezufuhr. Ist in diesem Modus allerdings das Ventil geöffnet, wird zubereitet wie in einem Kochtopf mit Deckel bei mittlerer Hitze. Im Modus „High Pressure/Hoher Druck“ ist das Ventil ebenfalls geschlossen und der Garprozess kommt einem Schnellkochtopf mit hoher Temperaturzufuhr gleich. Wird in diesem Modus mit geöffnetem Ventil zubereitet, ähnelt der Multifunktionskocher einem Kochtopf mit hoher Temperaturzufuhr und geschlossenem Deckel. „Slow Cook“ entspricht dem Küchengerät CrockMultifunktionskocher und „Sauté“ ermöglicht bei geöffnetem Deckel die Funktion einer Bratpfanne und scharfes Anbraten.

Neben diesen Programmen, die eine manuelle Zeiteinstellung ermöglichen, gibt es Programme wie „Reis“ oder „Suppe“, die Temperatur und Zeit für bestimmte Lebensmittelzubereitungen vorgeben.

ANSCHAFFUNG EINES MULTIFUNKTIONSKOCHERS

Den Multifunktionskocher gibt es in drei unterschiedlichen Größen zu kaufen. So gibt es ein Fassungsvermögen von 3 Litern, 6 Litern und 8 Litern – von Single über fünfköpfige Familie bis hin zur größeren Gruppenverköstigung ist alles möglich.

ZUBEHÖR

Ein Multifunktionskocher wird oftmals mit viel Zubehör geliefert, dieses kann auch stets erweitert werden. So gibt es Backformen, Deckel, Dampfkörbe, Untersetzer aus Gummi, Innentöpfe, eine Form für das Kochen von Eiern, Joghurtbecher, Topflappen aus Silikon und noch vieles mehr.

VORTEILE EINES MULTIFUNKTIONSKOCHERS

Mit einem Multifunktionskocher werden Lebensmittel sehr schonend zubereitet. Hinzu kommt, dass die Zubereitung der meisten Gerichte zeitsparend ist. Der Multifunktionskocher kann eigenständig Druck und Zeit überwachen und passt bei Bedarf die Gardauer oder die Temperatur an. Somit ist ein Misserfolg weitestgehend ausgeschlossen. Sie können sogar einstellen, zu welcher Uhrzeit der Multifunktionskocher mit der Zubereitung starten soll.

Der Geschmack bleibt bei der Zubereitung in einem Multifunktionskocher immer gewährt. Eine gesunde Ernährung ist Ihnen durch das Dämpfen sicher.

Die Reinigung eines Multifunktionskochers ist unglaublich einfach. Da es keine besonders sensible Beschichtung gibt, können alle Bestandteile mit Wasser und Spülmittel, aber auch in der Spülmaschine gesäubert werden. Die elektrischen Bestandteile allerdings dürfen selbstverständlich nicht mit Wasser in Kontakt kommen.

Ein Multifunktionskocher ist mit 10 Sicherheitsmechanismen ausgestattet, sodass es niemals gefährlich werden kann – es kann nichts anbrennen, nichts auslaufen und das Gerät kann sich unter Druck nicht öffnen. Die Position des Deckels, Druck und Temperatur, Druckabschluss des Deckels, Überdruck und Leerlauf werden ständig kontrolliert und bei Bedarf schaltet der Multifunktionskocher aus oder gar nicht erst an.

Kurz zusammengefasst: Sie sparen mit einem Multifunktionskocher Zeit, Energie und Geschirr. Sie kochen gesund und vitaminreich und können jede Mahlzeit mit einem Multifunktionskocher abdecken.

Frühstück

BEEREN-PORRIDGE

4 Port.

40 Min.

Leicht

Zutaten

250 ml Milch
140 g Haferschrot
750 ml Wasser
1 Prise Salz
2 EL Rohrzucker
1 EL Chiasamen
150 g Beeren, TK

Nährwerte p. P.

239 kcal
38 g Kohlenhydrate
6 g Fett
5 g Eiweiß

1 Die gesamten Zutaten in den Innentopf geben.

2 Drücken Sie die "Porridge"-Taste auf Ihrem Multifunktionskocher.

3 Abschließend manuell abdampfen lassen, die Beeren unterrühren und servieren.

ZITRONEN-HEIDELBEEREN-FRÜHSTÜCKSKUCHEN

2 Port. 1 Std. Leicht

Zutaten

400 g Mehl
½ TL Salz
2 TL Backpulver
150 g Zucker
Abrieb einer Zitrone
1 Ei
100 g Butter, zimmerwarm
1 TL Vanilleextrakt
400 g Heidelbeeren, TK
100 g Buttermilch
160 ml Wasser

Nährwerte p. P.

1521 kcal
241 g Kohlenhydrate
47 g Fett
25 g Eiweiß

1 Eine passende Kuchenform einfetten und mit Mehl bestäuben.

2 Salz, Backpulver und Mehl miteinander verrühren. 2 EL davon auf die Seite stellen.

3 Butter, Zucker und Zitronenabrieb im Mixer verquirlen. Vanilleextrakt und Ei dazugeben. Nach und nach das Mehl und die Buttermilch mit der Butter verrühren.

4 Die Heidelbeeren mit dem zur Seite gestellten Mehl vermengen. Anschließend diese sachte unter den Teig heben.

5 160 ml Wasser in den Multifunktionskocher gießen.

6 Füllen Sie die Hälfte des Teiges in die Backform und stellen Sie diese in den Multifunktionskocher.

7 Deckel und Ventil verschließen, im Modus "High Pressure" 30 Minuten kochen.

8 Den Druck manuell entweichen lassen und den Kuchen herausholen. Den übrigen Teig auf dieselbe Weise backen.

EIER-MUFFINS

7 Port.

25 Min.

Leicht

Zutaten

4 Eier
½ Tasse Hüttenkäse
½ Tasse Cheddar, gerieben
2 Scheiben Schinken
¼ Tasse mit gewürfelten Champignons, Paprika und Frühlingszwie-beln
Pfeffer, Salz, Knoblauchpulver
⅛ TL scharfe Soße
Wasser

Nährwerte p. P.

130 kcal
0 g Kohlenhydrate
9 g Fett
11 g Eiweiß

1 Die Eier aufschlagen und mit Cheddar, Hüttenkäse und scharfer Soße verquirlen.

2 Den Schinken klein schneiden und mit dem Gemüse und den Gewürzen zu den Eiern geben.

3 Die Eiermasse in hitzebeständige Muffinförmchen füllen.

4 Die Mindestmenge Wasser für Ihr Multifunktionskocher Model eingießen. Das Gestell für den Multifunktionskocher hineinstellen und die Förmchen daraufstellen.

5 Den Deckel und das Ventil schließen.

6 Im Modus "High Pressure" 10 Minuten backen lassen. Den Druck entweichen lassen. Die Muffins abkühlen lassen.

HART GEKOCHTE EIER

10 Port.

20 Min.

Leicht

Zutaten

10 Eier
300 ml Wasser

Nährwerte p. P.

66 kcal
0 g Kohlenhydrate
5 g Fett
4 g Eiweiß

1 Legen Sie den Gittereinsatz in den Multifunktionskocher. 300 ml Wasser hineingießen.

2 Die Eier vorsichtig auf dem Gitter platzieren. Die Eier sollten allerdings nicht die Seitenwände berühren. Bei Bedarf die Menge einfach auf mehrere Vorgänge verteilen.

3 Geben Sie manuell 5 Minuten ein und verriegeln Sie den Deckel und das Ventil.

4 Abschließend 10 Minuten den Dampf entweichen lassen und den Deckel vorsichtig öffnen.

WINTERLICHES PORRIDGE

4 Port.

30 Min.

Leicht

Zutaten

300 ml Milch
300 ml Wasser
100 g Haferflocken
1 EL Öl
1 Apfel
45 g Pekannüsse
Zimt
Salz
Ahornsirup

Nährwerte p. P.

263 kcal
22g Kohlenhydrate
15 g Fett
6 g Eiweiß

1 Den Innentopf mit Öl einpinseln.

2 Den Apfel klein schneiden und in den Multifunktionskocher geben.

3 Wasser, Milch, Salz, Haferflocken und Zimt hinzufügen und den Deckel schließen. Das Ventil ebenfalls in die geschlossene Position bringen.

4 Im Modus "High Pressure" 10 Minuten kochen. Danach 15 Minuten abdampfen lassen. Deckel langsam öffnen.

5 Die Pekannüsse hacken und über dem Porridge verteilen. Mit Ahornsirup beträufeln.

Brote

WEIßBROT

1 Port.

20 Min.

Mittel

Zutaten

1 TL Olivenöl
½ TL Bikarbonat
250 g Mehl
270 g Vollmilch
1 TL Salz
Wasser

Nährwerte p. P.

1164 kcal
190 g Kohlenhydrate
28 g Fett
33 g Eiweiß

1 Den Dampfkorb in den Multifunktionskocher stellen. Eine hitzebeständige Form, die 4 Tassen Masse fasst, mit Öl einfetten.

2 Bikarbonat, Mehl und Salz vermengen. Die Vollmilch unterrühren und anschließend den Teig kneten. Diese Teigkugel in die eingeölte Form geben. Ein wenig Öl auf die Oberfläche geben.

3 Folie über die Form legen und mit einer Schnur befestigen. Die Form in den Korb stellen. Wasser in den Multifunktionskocher gießen, bis die Brotform zur Hälfte von Wasser umgeben ist.

4 Den Deckel und das Ventil schließen. Im Modus "Steam" für 25 Minuten backen.

KRUSTENBROT

1 Port.

5,5 Std.

Leicht

Zutaten

3,5 Tassen Brotmehl
1 Pck. Hefe
1,5 TL Salz
1,5 Tassen warmes Wasser
1,25 TL Zucker
¼ Tasse Olivenöl

Nährwerte p. P.

869 kcal
31 g Kohlenhydrate
15 g Fett
20 g Eiweiß

1 Vermengen Sie das Salz und das Mehl in einer Schüssel und lassen es ein wenig ruhen.

2 In einer weiteren Schüssel Zucker und Hefe vermischen, Wasser hinzugeben und verkneten. 5 Minuten aufgehen lassen.

3 Den Multifunktionskocher mit Backpapier auslegen, welches ein wenig mit Öl bepinselt wird.

4 Beide angerührten Massen nun miteinander verkneten. Geben Sie diesen Teig in den Multifunktionskocher und schließen den Deckel und das Ventil. Im Modus "Joghurt" 4 Stunden gehen lassen.

5 Den Deckel öffnen und den Teig inklusive Backpapier herausnehmen. Ein weiteres Backpapier mit Mehl bestäuben und den Teigling darauflegen. Diesen ebenfalls mit Mehl bestäuben und mit einem Küchentuch zudecken. 40 Minuten aufgehen lassen.

6 Geben Sie einen Schmortopf mit Deckel in den Backofen und heizen alles bei 225 °C auf.

7 Legen Sie das Brot mit Backpapier in den Schmortopf und schneiden Schlitze in die Oberfläche. Legen Sie den Deckel auf und backen das Brot 30 Minuten.

8 Den Deckel abnehmen und weitere 15 Minuten backen. Abschließend gut auskühlen lassen.

ROSMARIN-OLIVEN-BROT

 1 Port.
 5,5 Std.
 Leicht

Zutaten

3 Tassen Brotmehl
1 TL Zucker
1 ¼ TL Salz
1 ¼ TL Trockenhefe
¼ Tasse Olivenöl
2 EL Rosmarin
1,5 Tassen Wasser, lauwarm

Nährwerte p. P.

1312 kcal
50 g Kohlenhydrate
10 g Fett
31g Eiweiß

1 In einer großen Schüssel Zucker, Hefe und warmes Wasser vermengen. Mit einem Küchentuch zudecken und 10 Minuten ruhen lassen.

2 Rosmarin fein hacken. Diesen mit Öl, Mehl und Salz vermischen. Stück für Stück das Hefewasser einrühren und zu einem Teig anrühren.

3 Den Multifunktionskocher mit Backpapier auslegen und mit etwas Öl bepinseln. Füllen Sie den Teig in den Multifunktionskocher.

4 Den Deckel und das Ventil schließen und im Modus "Joghurt" 4 Stunden gehen lassen.

5 Den Backofen auf 225 °C vorheizen und einen Schmortopf mit Deckel darin aufheizen. Legen Sie ein Backpapier bereit und bestreuen dieses mit Mehl.

6 Nehmen Sie das Brot inklusive Backpapier aus dem Multifunktionskocher und stürzen es auf das bemehlte Backpapier. Einen Brotlaib formen.

7 Streuen Sie Rosmarin auf das Brot. Mit einem Handtuch zudecken und 30 Minuten ruhen lassen.

8 Den Schmortopf aus dem Ofen nehmen, das Brot hineinlegen, erneut Mehl darauf streuen. Mit einem Messer ein paar Schlitze einschneiden. Den Schmortopf schließen und 30 Minuten im Backofen backen.

9 Nehmen Sie den Deckel herunter und backen das Brot weitere 15 Minuten. Anschließend gut auskühlen lassen.

6-KORN-BROT

1 Port.

1 Std.

Leicht

Zutaten

360 g 6-Kornmischung, alternativ fertiges gemahlenes Vollkornmehl
350 g Wasser, lauwarm
150 g Weizenmehl
3 TL Salz
1 TL Ahornsirup
1 Würfel Hefe
90 g Sonnenblumenkerne
30 g Balsamicoessig, dunkel
90 g Kürbiskerne
90 g Sonnenblumenkerne
1 Pck. Salatkerne
50 g Sesamkörner
Fett

Nährwerte p. P.

3718 kcal
379 g Kohlenhydrate
165 g Fett
137 g Eiweiß

1 Die 6-Kornmischung mahlen. Alle übrigen Zutaten mit dem gemahlenen Mehl vermengen und zu einem Teig verkneten.

2 Legen Sie den Teig in den Multifunktionskocher und lassen ihn dort für 60 Minuten aufgehen. Das Ventil bleibt aber offen.

3 Im Modus "Bake" oder "Cake" 30 Minuten backen lassen. Anschließend das Brot umdrehen und 20 Minuten weiterbacken.

FRANZÖSISCHES BROT

2 Port. | 1 Std. 20 Min. | Leicht

Zutaten

1,5 EL Hefe
2,5 Tassen Wasser, sehr warm
1,5 EL Zucker
6 Tassen Mehl
1 Eiweiß
2 EL Öl
2 ¼ TL Salz

Nährwerte p. P.

2221 kcal
461 g Kohlenhydrate
22 g Fett
38 g Eiweiß

1 Verrühren Sie die Hefe mit ½ Tasse warmem Wasser. 10 Minuten ruhen lassen.

2 Öl, Salz, Mehl, Zucker und das übrige Wasser in einer weiteren Schüssel vermengen. Wenn die Hefe zu sprudeln beginnt, kann sie zum Mehl dazugegeben werden.

3 Mit einem Handrührgerät und angebrachten Knethaken ordentlich verkneten.

4 Den Multifunktionskocher mit ein wenig Öl einfetten. Den Teig hineinlegen und im Modus "Joghurt" 10 Minuten gehen lassen. Den Deckel und das Ventil schließen.

5 Den Teig wieder in eine Schüssel geben und erneut durchkneten. Erneut im Multifunktionskocher im gleichen Modus 10 Minuten gehen lassen. Wiederholen Sie dieses Vorgehen noch dreimal.

6 Den Backofen auf 220 °C vorheizen.

7 Ein Backblech bemehlen. Teilen Sie den Teig in zwei Teile und formen Sie längliche Brote daraus. Schneiden Sie diese oben ein wenig ein und bepinseln Sie sie mit dem Eiweiß.

8 Beide Brote auf das Backblech legen und 10 Minuten backen, anschließend auf 180 °C herunterdrehen und weitere 20 Minuten backen.

KARTOFFELBROT

1 Port. 1 Std. Leicht

Zutaten

1 Würfel Hefe
200 g Dinkelvollkornmehl
350 g Weizenmehl
200 g Kartoffeln, gekocht
270 ml Wasser, lauwarm
2 TL Salz

Nährwerte p. P.

2047 kcal
403 g Kohlenhydrate
9 g Fett
68 g Eiweiß

1 Die gekochten Kartoffeln in kleine Würfel schneiden. Alle Zutaten mit einem Rührgerät vermengen.

2 Fetten Sie den Innentopf des Multifunktionskochers ein wenig ein und bestäuben ihn mit Mehl. Geben Sie den Teig hinein, schließen den Deckel und lassen ihn zunächst noch 30 Minuten aufgehen.

3 Im Modus "Cake" 40 Minuten backen, das Brot umdrehen und erneut für 15 Minuten backen.

BANANENBROT

1 Port.

1 Std.
5 Min.

Leicht

Zutaten

3 reife Bananen
2 Eier
½ Tasse weiche Butter
2 Tassen Mehl
¼ Tasse Zucker, braun
¾ Tasse Zucker, weiß
1 TL Backpulver
1 TL Natron
2 EL Zimt-Zucker
1 TL Zimt
½ TL Salz
¼ Tasse saure Sahne
1 TL Vanilleextrakt

Nährwerte p. P.

6223 kcal
1284 g Kohlenhydrate
101g Fett
36 g Eiweiß

1 Die Bananen in einer großen Schüssel mit einer Gabel zerdrücken und mit der Butter vermengen. Den weißen und braunen Zucker unterrühren.

2 Stück für Stück die Eier unterheben und das Vanilleextrakt hinzugeben. Natron, Backpulver, Mehl, saure Sahne, Salz und Zimt dazugeben und alles kräftig verrühren.

3 Eine Pfanne oder Backform, die in den Multifunktionskocher passt, mit Öl einreiben und den Teig hineingeben. Mit Zimt und Zucker bestäuben. Mit einer Folie zudecken und ein wenig gehen lassen.

4 Den Multifunktionskocher mit 1,5 Tassen Wasser befüllen. Einen Untersetzer hineinlegen und die Form darauf platzieren. Deckel und Ventil schließen. Im Modus "High Pressure" 55 Minuten backen.

5 Anschließend den Druck ablassen und dann mithilfe von "Entlüften" den übrigen Dampf entweichen lassen.

6 Die Form herausnehmen, Folie abnehmen und das Brot abkühlen lassen. Das Brot herausnehmen.

Salate

KARTOFFELSALAT

1 Port.

25 Min.

Leicht

Zutaten

1 Lauchzwiebel
500 g Kartoffeln
5 Cornichons
1 Fenchel
140 ml Wasser
1 TL Gewürzpaste
Dill
Essig
Pfeffer und Salz

Nährwerte p. P.

512 kcal
100 g Kohlenhydrate
1 g Fett
14 g Eiweiß

1 Die geschälten Kartoffeln in feine Scheiben schneiden und in den Innentopf des Multifunktionskochers geben.

2 Würzpaste mit Wasser verrühren und über den Kartoffeln verteilen. 5 Minuten Druckhaltezeit auf dem Multifunktionskocher einstellen.

3 Alle übrigen Zutaten klein schneiden. Den Multifunktionskocher ausschalten und ruhen lassen. Nach 10 Minuten den Deckel öffnen.

4 Alle Zutaten mit den Kartoffeln in einer Schüssel vermengen und mit Essig, Öl, Salz und Pfeffer würzen.

SENF-KARTOFFELSALAT

4 Port. 20 Min. Leicht

Zutaten

6 Kartoffeln, geschält und gewürfelt
½ Tasse Sellerie, gewürfelt
4 Eier
1 Tasse Mayonnaise
½ Tasse Paprika, gewürfelt
1 EL Gurkensaft
1 EL Senf
1 EL Dill, gehackt
Jeweils ½ TL Pfeffer und Salz
⅛ TL Zwiebelpulver

Nährwerte p. P.

367 kcal
24 g Kohlenhydrate
25 g Fett
8 g Eiweiß

1 Einen Dampfgartopf in den Multifunktionskocher stellen und diesen mit den Kartoffelwürfeln und den ungekochten Eiern füllen. Geben Sie Wasser darüber.

2 Verschließen Sie den Deckel und stellen Sie sicher, dass das Druckentlastungsventil ebenfalls auf "Abdichten" eingestellt ist. Auf der "High Pressure" Stufe für 4 Minuten garen.

3 Anschließend den Modus beenden und das Ventil auf Entlüften stellen. Sobald der Dampf komplett entwichen ist, kann der Deckel langsam abgenommen werden.

4 Die Eier nun mit kaltem Wasser abschrecken, pellen und klein würfeln.

5 Den Sellerie, die Paprika, die Kartoffeln, den Gurkensaft, Pfeffer, Salz, Senf, Zwiebelpulver und Mayonnaise mit den gehackten Eiern und dem Dill in einer Schüssel vorsichtig vermengen.

6 Für eine Stunde im Kühlschrank durchziehen lassen.

BUNTER KICHERERBSENSALAT

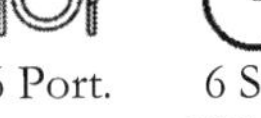

6 Port. | 6 Std. 20 Min. | Leicht

Zutaten

3 Tassen Wasser
1 Tasse Kichererbsen, getrocknet
1 TL Salz
1 EL Rotweinessig
1 EL Olivenöl
10 schwarze Oliven
½ TL Pfeffer
¼ Tasse grüne Paprika, gewürfelt
30 g Feta-Käse
1 Gurke, gewürfelt
2 EL Koriander, gehackt
½ Tasse Zwiebel, gehackt
10 Kirschtomaten

Nährwerte p. P.

69 kcal
4 g Kohlenhydrate
4 g Fett
2 g Eiweiß

1 Die Kichererbsen in kaltes Wasser geben und 6 Stunden einweichen lassen. Anschließend gründlich abspülen.

2 Wasser in den Multifunktionskocher geben und die Kichererbsen darin garen. Hierfür den Deckel und das Ventil schließen und unter "High Pressure" 15 Minuten kochen.

3 Den Druck entweichen lassen und den Deckel entriegeln, sobald das Stäbchen komplett abgesunken ist. Die Kichererbsen ein wenig abkühlen lassen.

4 Für das Dressing Olivenöl, Pfeffer, Salz und Essig verrühren.

5 Die Kirschtomaten halbieren, Oliven entsteinen und halbieren und alle übrigen Zutaten in einer großen Schüssel mit den Kichererbsen vermengen. Das Dressing dazugeben und nochmals umrühren.

6 Den Feta zerbröseln und abschließend über den Salat streuen.

HÜHNCHENSALAT

4 Port.

40 Min.

Leicht

Zutaten

2 Stk. Hühnchenbrust
1 Tasse Hühnerbrühe
1 TL Thymian, getrocknet
2 Knoblauchzehen
½ TL Salz
¼ TL Pfeffer
1 Tasse Sellerie
½ Tasse Frühlingszwiebel
1 Tasse Trauben
⅓ Tasse Mandeln, gehackt
½ Tasse Mayonnaise
1 EL Senf
1 TL Zwiebelpulver
⅓ Tasse griechischen Joghurt
¼ TL Pfeffer und Salz

Nährwerte p. P.

370 kcal
9 g Kohlenhydrate
23 g Fett
27 g Eiweiß

1 Das Fleisch jeweils in zwei Teile schneiden. Würzen Sie alles mit Pfeffer und Salz. Die Hühnerbrühe zusammen mit dem Thymian und dem gepressten Knoblauch in den Multifunktionskocher geben. Das Fleisch hineinlegen.

2 Den Deckel und das Ventil verriegeln. Im Modus "High Pressure" für 10 Minuten garen. Den Druck entweichen lassen und den restlichen Dampf dann vorsichtig ablassen.

3 Das Hähnchen herausnehmen und auskühlen lassen. Anschließend klein schneiden und in eine Schüssel füllen.

4 Das Gemüse und die Trauben würfeln und das Dressing aus Joghurt, Mayonnaise, Zwiebelpulver und Senf anrühren. Bei Bedarf salzen.

5 Die Mandeln in einer Pfanne rösten und herausnehmen.

6 Alle Zutaten zum Hähnchen in die Schüssel geben. Gut verrühren und nach Bedarf mit Pfeffer und Salz würzen.

QUINOA-SALAT

6 Port.

30 Min.

Leicht

Zutaten

1 Tasse Quinoa
2 EL Olivenöl
1 Tasse Edamame
1 rote Zwiebel
1 rote Paprika
1 Tasse Mais
1 Dose schwarze Bohnen
2 Tassen Wasser
2 EL Koriander, gehackt
1 TL Salz
½ TL Pfeffer
1 EL Senf
1 EL Chili-Pulver
¼ Tasse Zitronensaft

Nährwerte p. P.

232 kcal
31 g Kohlenhydrate
7 g Fett
8g Eiweiß

1 Die Paprika und die Zwiebel fein würfeln.

2 Quinoa, Wasser und Öl in den Multifunktionskocher füllen. Den Deckel schließen und das Ventil verriegeln.

3 Im Modus "High Pressure" für 2 Minuten kochen. Schnell den Dampf ablassen. Sobald der Stift abgesunken ist, kann der Deckel geöffnet werden.

4 Lassen Sie den Quinoa abkühlen und vermengen Sie ihn dann mit allen anderen Zutaten.

NUDELSALAT

8 Port. 20 Min. Leicht

Zutaten

450 g Spirelli-Nudeln
1 Tasse italienisches Dressing
1 Tasse schwarze Oliven
1 Tasse Salami, gewürfelt
500 g Kirschtomaten
¼ Tasse Kalamata-Oliven
1 Tasse Parmesankäse, gerieben
1 Tasse Mozzarella-Bällchen
3,5 Tassen Wasser

Nährwerte p. P.

380 kcal
31 g Kohlenhydrate
18 g Fett
19 g Eiweiß

1 Füllen Sie die Nudeln in den Multifunktionskocher und bedecken diese mit 3,5 Tassen kaltem Wasser. Rühren Sie das Dressing ein. Die Kirschtomaten halbieren und die Hälfte davon ebenfalls dazugeben.

2 Den Deckel und das Ventil schließen und unter "High Pressure" 3 Minuten kochen.

3 Den Druck manuell entweichen lassen, den Deckel öffnen und die Nudeln umrühren. Anschließend in eine Schüssel geben.

4 Die Oliven in feine Scheiben schneiden und gemeinsam mit dem Mozzarella und dem Parmesan mit den Nudeln mischen. Die übrigen Tomaten untermengen.

EIERSALAT

8 Port.

20 Min.

Leicht

Zutaten

8 Eier
1 TL Meersalz
⅓ Tasse Mayonnaise
½ TL Pfeffer
¼ Tasse Sellerie, gewürfelt
1 Tasse Wasser

Nährwerte p. P.

635 kcal
3 g Kohlenhydrate
60 g Fett
19 g Eiweiß

1 Eine runde Auflaufform einfetten. Achten Sie darauf, dass die Form in den Multifunktionskocher passt.

2 Die Eier in die Form schlagen, einen Untersetzer in den Multifunktionskocher legen und 1 Tasse Wasser einfüllen. Die Auflaufform auf dem Untersetzer platzieren.

3 Den Deckel und das Ventil verschließen. Im Modus "High Pressure" 5 Minuten garen. Anschließend den Druck manuell ablassen und die Form herausnehmen.

4 Geben Sie den Eierkuchen auf einen Teller und hacken Sie ihn klein.

5 Vermengen Sie die Eier mit allen übrigen Zutaten und lassen den Salat im Kühlschrank ein wenig ziehen.

Suppen

CHEESEBURGER-SUPPE

6 Port.

15 Min.

Leicht

Zutaten

1 Zwiebel
500 g Rinderhackfleisch
1 EL Öl
2 Knoblauchzehen
1 TL Honig
800 ml Rinderfond
70 g Tomatenmark
400 g Pizzatomaten
50 ml Gurkenbrühe
100 g Cheddar, gerieben
1 EL Senf
125 ml Sahne
Pfeffer und Salz
400 g Kartoffeln, mehlig kochend
3 Hamburgerbrötchen, halbiert

Nährwerte p. P.

584 kcal
32 g Kohlenhydrate
39g Fett
25 g Eiweiß

1 Stellen Sie den "Sauté"-Modus auf Ihrem Multifunktionskocher ein. Geben Sie Öl in die Innenpfanne.

2 Die geschälte Zwiebel fein hacken und den Knoblauch pressen. Beides in das heiße Öl geben und kurz andünsten lassen. Das Hackfleisch anschließend dazugeben und unter Rühren anbraten.

3 Alle übrigen Zutaten (außer den Käse) dazugeben, verrühren und salzen und pfeffern.

4 Den Deckel und das Ventil verschließen. Den Modus "Manual/High Pressure" einstellen und 5 Minuten garen. 10 Minuten auskühlen lassen, das Ventil anschließend langsam öffnen und langsam den Dampf entweichen lassen. Den Käse untermengen.

5 Die Hamburgerbrötchen in zwei Hälften schneiden, toasten und dazu servieren.

APFEL-BUTTERNUT-SUPPE

6 Port.

40 Min.

Mittel

Zutaten

1,5 Tassen Wasser
1,2 kg Butternut Kürbis
2 EL Butter
1 Zwiebel
1 Möhre
1 Stange Sellerie
4 Tassen Hühnerbrühe
1 Apfel
Jeweils eine Prise Zimt, Muskatnuss, Pfeffer, Salz, Cayennepfeffer
Schnittlauch
Naturjoghurt

Nährwerte p. P.

327 kcal
42 g Kohlenhydrate
9 g Fett
10 g Eiweiß

1 Den Kürbis halbieren und die Kerne entfernen. Den Kürbis dann nochmals in kleinere Stücke schneiden.

2 Den Metalluntersetzer in den Multifunktionskocher legen und das Wasser hineingießen. Den Kürbis hinzugeben. Den Deckel und das Ventil schließen. Im Modus "Manuell" und auf "High Pressure" 7 Minuten garen.

3 Das Ventil in die Entlüftungsposition stellen und nun abwarten, bis der Dampf komplett entwichen ist.

4 Den Deckel langsam öffnen und den Kürbis mit einer Zange herausnehmen und auskühlen lassen.

5 Den Innentopf aus dem Multifunktionskocher herausnehmen, den Metalluntersetzer ebenfalls entfernen und das Wasser abgießen. Den Innentopf wieder einsetzen.

6 Im Modus "Sauté" die höchste Stufe einstellen und die Butter darin schmelzen lassen. Den Sellerie, die Zwiebel, die Möhre und den Apfel schälen und fein würfeln. Diese Würfel dann in die heiße Butter geben und 5 Minuten dünsten.

7 Zum Ablöschen die Brühe dazu gießen und ein wenig köcheln lassen.

8 Den Kürbis mithilfe eines Löffels von der Haut entfernen und in die Brühe legen. Alles ungefähr 7 Minuten köcheln lassen.

9 Die Suppe pürieren, die Gewürze einrühren und auf die Suppenteller verteilen. Mit einem Klecks Joghurt und geschnittenem Schnittlauch garnieren.

WILDREISSUPPE

6 Port.

1 Std.

Leicht

Zutaten

½ Zwiebel
2 EL Butter
½ TL Salbei
230 g Champignons
950 ml Gemüsebrühe
160 g Wildreis
5 Möhren
3 Knoblauchzehen
½ TL Thymian
3 Stangen Sellerie
1 TL Salz
1,5 Tassen Sahne

Nährwerte p. P.

683 kcal
35 g Kohlenhydrate
53 g Fett
11 g Eiweiß

1 Die Zwiebel schälen und fein würfeln. Die Möhren ebenfalls schälen und in Würfel schneiden. Die Champignons in feine Scheiben schneiden. Den Sellerie klein schneiden.

2 Im Modus "Sauté" die Butter im Multifunktionskocher erhitzen. Die Zwiebelwürfel und die Pilze darin anschwitzen.

3 Geben Sie die Brühe, Salz, den Wildreis und die Gewürze dazu. Deckel und Ventil schließen. Stellen Sie den Modus "High Pressure" ein und lassen alles 35 Minuten garen.

4 Den Druck manuell ablassen und Möhren, Sellerie und gepressten Knoblauch untermengen. Weitere 10 Minuten kochen. Den Dampf entweichen lassen.

5 Die Sahne unterrühren und servieren.

LINSENSUPPE

4 Port.

40 Min.

Leicht

Zutaten

2 Knoblauchzehen
1 EL Rapsöl
1 Zwiebel
2 Stangen Sellerie
1 TL Ingwer, gerieben
1 TL Kurkuma
1 Möhre
2 TL Currypulver
175 g Berglinsen
½ TL Kreuzkümmel, gemahlen
1 Dose Tomaten, gehackt
1 Dose Kokosmilch
250 g Spinat
250 ml Gemüsebrühe
Pfeffer und Salz

Nährwerte p. P.

448 kcal
46 g Kohlenhydrate
18 g Fett
18 g Eiweiß

1 Den geschälten Knoblauch und die geschälte Zwiebel fein hacken. Den Sellerie waschen und in Würfel schneiden, die Möhre schälen und ebenfalls in Würfel schneiden.

2 Alle Zutaten, bis auf den Spinat, in den Innentopf geben. Den Deckel schließen, das Ventil verriegeln. Unter "High Pressure" 5 Minuten garen. Anschließend ruhen lassen, bis der Druck von selbst entwichen ist. Langsam den Deckel öffnen.

3 Den Spinat während der Wartezeit blanchieren und ausdrücken. Danach schneiden Sie den Spinat in Stücke.

4 Etwa 250 ml aus dem Multifunktionskocher herausschöpfen und pürieren. Danach die pürierte Suppe wieder in den Innentopf geben, den Spinat untermengen und alles pfeffern und salzen.

MINESTRONE

4 Port.

35 Min.

Mittel

Zutaten

5 Kartoffeln
2 Zwiebeln
4 Möhren
½ Staudensellerie
150 g grüne Bohnen
200 g Champignons
1 l Brühe
1 EL Basilikum
1 Dose Pizzatomaten
150 g Schinkenwürfel
3 Prisen Pfeffer
Je 1 TL Majoran und Majoran
1 EL Oregano
Salz

Nährwerte p. P.

475 kcal
64 g Kohlenhydrate
5 g Fett
34 g Eiweiß

1 Das Gemüse waschen und alles in kleine Stücke schneiden.

2 Butter im Multifunktionskocher im "Sauté"-Modus schmelzen und die Schinkenwürfel darin anbraten.

3 Den Knoblauch und die Zwiebeln dazugeben und 2 Minuten braten. Das klein geschnittene Gemüse ebenfalls hinzugeben und weiterbraten.

4 Die Brühe zum Ablöschen dazu gießen, ebenfalls die Tomaten hineingeben.

5 Alles gut würzen und nun im "High Pressure"-Modus 6 Minuten kochen. Erneut abschmecken.

TACO-SUPPE

4 Port.

23 Min.

Leicht

Zutaten

500 g Rinderhackfleisch
Je 1 Dose schwarze Bohnen und Kidneybohnen
1 Dose Tomaten, gehackt
1 Pck. Tomaten, passiert
1 Dose Mais
2 grüne eingelegte Peperoni oder Chilis, grob geschnitten
400 ml Rinderbrühe
1 Tüte Taco-Gewürz
½ TL Salz
1 TL Zwiebelpulver
1 Tüte Buttermilch-Salat-Dressing
Pfeffer

Nährwerte p. P.

1398 kcal
131 g Kohlenhydrate
54 g Fett
87 g Eiweiß

1 Den Multifunktionskocher auf dem "Sauté"-Programm aufheizen und das Hackfleisch darin anbraten. Die Funktion dann abstellen und ein wenig Rinderbrühe dazu gießen.

2 Alle trockenen Zutaten miteinander vermengen.

3 Bohnen, Peperoni, Mais, Brühe und die Gewürzmischung in den Multifunktionskocher geben und verrühren. Mittig die Tomaten platzieren. Den Deckel verriegeln. "High Pressure" einstellen und 8 Minuten garen.

4 Den Druck ablassen und behutsam den Deckel öffnen, sobald der Stift abgesunken ist. 5 Minuten auskühlen lassen und erneut umrühren

SAURE MAKRELENSUPPE

6 Port.

1 Std.
10 Min.

Leicht

Zutaten

2 l Wasser
150 g Möhren
300 g Kartoffeln
1 Makrelenhecht
100 g Zwiebel
Pfeffer und Salz

Nährwerte p. P.

131 kcal
11 g Kohlenhydrate
4 g Fett
9 g Eiweiß

1 Die Kartoffeln und die Möhren schälen. Die Möhren raspeln und die Kartoffeln würfeln.

2 Die geschälten Zwiebeln fein hacken. Den Multifunktionskocher in den Backmodus stellen, Öl hinzufügen und erhitzen lassen. Die Zwiebeln darin dünsten.

3 Die Möhren anschließend dazugeben und gut verrühren. 15 Minuten braten und mit Wasser ablöschen.

4 Geben Sie die Kartoffelwürfel dazu und würzen mit Salz und Pfeffer. Im Modus "Soup" für 45 Minuten kochen.

5 Die Makrele klein schneiden und in den Topf geben. Nochmals ab-schmecken und weitere 15 Minuten kochen.

RINDERBRÜHE

10 Port. | 1 Std. 55 Min. | Leicht

Zutaten

1 Beinscheibe
6 Markknochen
1 TL Pfefferkörner
3 l Wasser
1 EL Apfelessig
3 Knoblauchzehen
3 Lorbeerblätter
2 Zwiebeln
2 Möhren
1 Sellerie
Pfeffer und Salz

Nährwerte p. P.

101 kcal
2 g Kohlenhydrate
2 g Fett
16 g Eiweiß

1 Ein Backblech mit Sellerie, Zwiebeln, Möhren, 3 Markknochen und der Beinscheibe belegen. Pfeffer und Salz darüberstreuen. Bei 180 °C Ober-/Unterhitze 30 Minuten garen.

2 Die übrigen 3 Markknochen, Knoblauch, Apfelessig, Lorbeerblätter, Pfefferkörner und Wasser in den Multifunktionskocher geben und ein wenig ziehen lassen.

3 Die Zutaten aus dem Backblech ebenfalls in den Multifunktionskocher geben und den Modus "Suppe" "High Pressure" "Normal" und 70 Minuten eingeben und kochen lassen. Abschließend den Dampf langsam ablassen.

KARTOFFEL-KOHLRABI-EINTOPF

2 Port.

20 Min.

Leicht

Zutaten

1 rote Paprika
1 Kohlrabi
6 Kartoffeln
100 g Kräuterfrischkäse
150 ml Gemüsebrühe
200 g Feta-Käse
Pfeffer und Salz
Muskat

Nährwerte p. P.

517 kcal
51 g Kohlenhydrate
19 g Fett
29 g Eiweiß

1 Den geschälten Kohlrabi und die geschälten Kartoffeln in kleine Stücke schneiden. Die Paprika in Würfel schneiden.

2 Das geschnittene Gemüse und die Brühe in den Topf geben, den Deckel verschließen. Druckhaltezeit 5 Minuten eingeben und danach 5 Minuten auskühlen lassen. Den übrigen Dampf langsam entweichen lassen.

3 Deckel öffnen, den Frischkäse untermengen. Zerkrümeln Sie den Feta-Käse und geben ihn ebenfalls dazu. Mit Pfeffer, Salz und Muskat abschmecken.

TOMATENSUPPE

4 Port. | 1 Std. 15 Min. | Leicht

Zutaten

½ Tasse Schlagsahne
1,3 kg Roma-Tomaten, halbiert
1 Möhre
3 Knoblauchzehen
3 Tassen Gemüsebrühe
1 Zwiebel
2 EL Olivenöl
2 EL Jasminreis
1 EL Butter
Jeweils eine Prise Thymian und Basilikum
2 EL Fischsauce
Zucker, Salz und Pfeffer

Nährwerte p. P.

292 kcal
22 g Kohlenhydrate
19 g Fett
6 g Eiweiß

1 Den Backofen auf Ober-/Unterhitze und 200 °C vorheizen.

2 Ein Backblech mit den Tomaten belegen, die geschnittene Seite soll nach oben zeigen. Olivenöl darüber träufeln und Salz und Pfeffer auf den Tomaten verteilen. 60 Minuten in den Backofen geben.

3 Den Multifunktionskocher aufheizen. Die geschälte Zwiebel fein würfeln. 1 EL Butter in den Innentopf geben und die Zwiebel darin dünsten. Knoblauch hineinpressen, pfeffern und salzen.

4 Die Möhre schälen und in feine Würfel schneiden. In den Multifunktionskocher geben. Kurz mitbraten. Zum Ablöschen ½ Tasse Brühe darüber gießen.

5 Die Tomaten aus dem Backofen, 2 EL Reis, Basilikum und Thymian in den Multifunktionskocher geben. Die übrige Brühe und die Fischsauce darüber gießen und alles verrühren.

6 Den Deckel schließen, 3 Minuten garen. Schalten Sie den Multifunktionskocher ab und lassen Sie 10 Minuten lang den Druck von selbst entweichen. Den Deckel langsam öffnen.

7 Mit einem Pürierstab nun zu einer Suppe pürieren, ½ Tasse Schlagsahne unterrühren und nochmals abschmecken.

LINSEN-KÜRBIS-EINTOPF

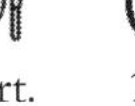
6 Port.

1 Std. 10 Min.

Leicht

Zutaten

4 Knoblauchzehen
400 g Tellerlinsen
2 l Gemüsebrühe
250 g Möhren
1 kg Hokkaido Kürbis
½ TL Zimt
2 TL Kreuzkümmel

Nährwerte p. P.

386 kcal
65 g Kohlenhydrate
2 g Fett
21 g Eiweiß

1 Den gewaschenen Kürbis halbieren, die Kerne entfernen und in Würfel schneiden. Die Zwiebel schälen und ebenfalls fein würfeln. Die geschälte Möhre in dünne Scheiben schneiden und den Knoblauch ganz fein hacken.

2 Die gesamten Zutaten in den Innentopf des Multifunktionskochers geben und durchmengen.

3 Den Deckel schließen, das Ventil sollte auf "Sealing" eingestellt werden, den "Manual"-Knopf drücken und 20 Minuten einstellen.

4 Abschließend 10 Minuten ruhen lassen. Den übrigen Druck über das Ventil ausdampfen lassen und dann den Deckel öffnen. Erneut alles umrühren und bei Bedarf nachsalzen.

Hauptgerichte mit Fleisch

GULASCH

6 Port.

30 Min.

Leicht

Zutaten

1 Kartoffel
500 g Rindergulasch
1 EL Tomatenmark
1 große Karotte
100 ml Rotwein
2 Frühlingszwiebeln
1 TL Paprikapulver, scharf
2 TL Paprikapulver, edelsüß
5 EL Milch
2 TL Kartoffelstärke
500 ml Gemüsebrühe
Pfeffer und Salz

Nährwerte p. P.

466 kcal
9 g Kohlenhydrate
15 g Fett
62 g Eiweiß

1 Die geschälte Karotte, die geschälte Kartoffel und die Frühlingszwiebel in kleine Stücke schneiden.

2 Das Rindergulasch in den Multifunktionskocher geben und anbraten. Geben Sie dann das Tomatenmark, die Gewürze und das klein geschnittene Gemüse dazu.

3 Zum Ablöschen den Rotwein hinzugießen. Die Brühe ebenfalls hineingeben. Schließen Sie den Multifunktionskocher und lassen das Fleisch 20 Minuten kochen.

4 Anschließend den Dampf entweichen lassen, den Deckel abnehmen und Stärke und Milch unterrühren. Erneut 3 Minuten kochen lassen.

5 Mit Pfeffer und Salz abschmecken.

HÜHNERKEULE AUF REISBETT

2 Port. 18 Min. Leicht

Zutaten

1 Tasse Reis
2-3 Hühnerkeulen
1 Zucchini
2 Möhren
1 TL Kurkuma
1 TL Garam Masala
1 EL Mandelmus
½ TL Kreuzkümmel, gemahlen
Meersalz
1 Stück Ingwer, daumengroß
Etwas Dill
1,5 Tassen Brühe

Nährwerte p. P.

639 kcal
37 g Kohlenhydrate
26 g Fett
61 g Eiweiß

1 Die Keulen mit Salz würzen. Stellen Sie "Sauté" auf Ihrem Multifunktionskocher ein und braten die Keulen darin kurz an. Anschließend nehmen Sie das Fleisch heraus.

2 Die Kerne aus der Zucchini entfernen und in Würfel schneiden. Die Karotte ebenfalls würfeln.

3 Den Ingwer ebenfalls in feine Scheiben schneiden und im Multifunktionskocher rösten. Reis, geschnittenes Gemüse und Gewürze dazugeben.

4 1,5 Tassen Brühe hinzugießen. Rühren Sie das Mandelmus unter und legen die Keulen oben auf.

5 Den Deckel schließen und im Modus "Pressure Cook" 11 Minuten garen. Mit Dill bestreuen.

WILDSCHWEINHAXE

 4 Port.

 8,5 Std.

 Mittel

Zutaten

2 kg Wildschwein, Haxe
400 g Champignons
4 Möhren
1 Zwiebel
1 kg Kartoffeln
4 EL Sojasoße
1 Tasse Tomatensoße
2 Tassen Wasser
Salz, Kümmel, Paprikapulver

Nährwerte p. P.

1466 kcal
48 g Kohlenhydrate
75 g Fett
143 g Eiweiß

1 2 Möhren und die Zwiebel grob schneiden und einige Champignons hacken. Alles in den Topf geben. Jeweils eine Tasse mit Wasser und Tomatensoße dazu gießen und verrühren.

2 Das Fleisch auf dem Gemüse platzieren. Die übrigen Champignons halbieren, die restlichen 2 Möhren schälen und in Streifen schneiden. Beides zum Fleisch dazugeben.

3 Salz, Kümmel und Sojasoße darüber geben. Die Kartoffeln schälen und in Würfel schneiden. Ebenfalls in den Topf geben. Erneut die Tasse mit Wasser füllen und dazu gießen. Paprikapulver darauf verstreuen und den Deckel schließen. Das Ventil ebenfalls schließen.

4 Auf dem Modus HI-Funktion und "Slow Cook" für 8 Stunden garen. Anschließend ausdampfen lassen und langsam den Deckel öffnen.

RINDERBÄCKCHEN

4 Port.

1 Std. 20 Min.

Leicht

Zutaten

1 kg Rinderbäckchen
1 Zwiebel
1 rote Zwiebel
5 Möhren
2 Knoblauchzehen
1 Pck. Gnocchi
300 ml Rotwein
3 Lorbeerblätter
1 EL Tomatenmark
2 TL Paprikapulver, geräuchert
500 ml Rinderbrühe
Butterschmalz
Senf
3 Stiele Petersilie

Nährwerte p. P.

1511 kcal
139 g Kohlenhydrate
37 g Fett
116 g Eiweiß

1 Die Bäckchen von Sehnen befreien und mit Senf einreiben. Knoblauch, Möhren und Zwiebeln schälen und würfeln.

2 Schalten Sie den Multifunktionskocher im Modus "Sauté" auf die höchste Stufe. Sobald der Topf heiß ist, die Rinderbäckchen von allen Seiten darin anbraten.

3 Die geschnittenen Möhren, Zwiebeln und den Knoblauch zu den Bäckchen geben und anbraten. Paprikapulver und Tomatenmark darüber geben.

4 Zum Ablöschen die Brühe und den Wein dazu gießen. Lorbeerblätter hineinlegen und den Deckel schließen. Den Modus "Meat" drücken, höchste Stufe einstellen und 45 Minuten garen.

5 15 Minuten vor Garzeitende Wasser in einen Topf geben und zum Kochen bringen. Salz dazugeben und die Gnocchi darin kochen. Sobald sie an die Wasseroberfläche kommen, die Gnocchi abschöpfen.

6 In einer heißen Pfanne Butterschmalz schmelzen und die Gnocchi darin anbraten. Mit Pfeffer und Salz würzen.

7 Das Ventil des Multifunktionskochers auf Ablüften stellen. Sobald der Stift komplett abgesunken ist, kann der Deckel abgenommen werden.

8 Das Fleisch kurz in Alufolie packen. Die Soße pürieren und das Fleisch wieder hineinlegen. Die Petersilie hacken, mit den Gnocchi vermengen.

HONIGHÄHNCHEN

4 Port.

25 Min.

Mittel

Zutaten

4 Stk. Hühnerbrust
¼ Tasse Sojasoße
¼ Tasse Honig
3 Knoblauchzehen
¼ Tasse Ketchup
½ TL Oregano, getrocknet
¼ Tasse Wasser
¼ TL Pfeffer
2 EL Maisstärke
¼ TL Paprikapulver
2 EL kaltes Wasser

Nährwerte p. P.

474 kcal
53 g Kohlenhydrate
3 g Fett
57 g Eiweiß

1 Heizen Sie den Multifunktionskocher im Modus "Sauté" vor. Sojasoße, Knoblauch, Pfeffer, Oregano, Honig, Ketchup und Paprikapulver vermischen und in den Multifunktionskocher geben.

2 Das Fleisch in die Marinade legen und bepinseln. Das Wasser dazugeben und den Multifunktionskocher verriegeln. Im Modus "High Pressure" 8 Minuten garen.

3 Den Druck manuell entweichen lassen und das Huhn herausnehmen. Erneut wieder den Modus "Sauté" einstellen.

4 Vermengen Sie in einer Schüssel 2 EL Wasser mit der Maisstärke und rühren diese Mischung langsam in die Soße im Multifunktionskocher. Durchgehend rühren, sodass die Soße eindickt. Soße über das Hähnchen geben und servieren.

SIEDFLEISCH

4 Port. 1,5 Std. Mittel

Zutaten

2 Möhren
1 Zwiebel
2 Stangen Sellerie
2 Pastinaken
5 Knoblauchzehen
1 Stange Lauch
6 Wacholderbeeren
10 Pfefferkörner
12 Tassen Wasser
600 g Siedfleisch
2 EL Rindfleisch Bouillon
2 Lorbeerblätter
Pfeffer und Salz

Nährwerte p. P.

685kcal
36 g Kohlenhydrate
28 g Fett
64 g Eiweiß

1 In den Multifunktionskocher 12 Tassen Wasser geben. Alle Zutaten bis auf Pfeffer und Salz dazugeben und den Multifunktionskocher verschließen. Den Modus "High Pressure" einstellen. 40 Minuten eingeben und garen.

2 Anschließend den Druck von allein ablassen, das dauert so 15 Minuten. Das Ventil danach öffnen. Das Fleisch herausnehmen und auf einen Teller geben.

3 Die Brühe abseihen, das Gemüse und die Gewürze abfangen.

4 Das Fleisch auf der dicken Seite in Stücke schneiden und mit Pfeffer und Salz würzen.

GRÜNKOHL

4 Port.

20 Min.

Leicht

Zutaten

500 g Grünkohl
3 Zwiebeln
500 ml Wasser
50 ml Rapsöl
Salz und Pfeffer
1 TL Gemüsebrühe
4 Mettwürste
3 Kartoffeln

Nährwerte p. P.

655 kcal
34 g Kohlenhydrate
43 g Fett
23 g Eiweiß

1 Den Kohl gut waschen und mit Wasser, Pfeffer, Salz, Öl und der Gemüsebrühe in den Multifunktionskocher geben. Im Modus "High Pressure" für 5 Minuten kochen.

2 Die Zwiebeln schälen und fein würfeln. Die Kartoffeln ebenfalls schälen und in Würfel schneiden.

3 Kartoffeln, Würste und Zwiebeln in den Topf geben und weitere 3 Minuten garen.

ASIA-HUHN

6 Port.

40 Min.

Mittel

Zutaten

1 kg Hähnchenbrustfilets
500 g Brokkoli
1 EL Kokos- oder Erdnussöl
Jeweils eine rote und gelbe Paprika
2-3 Frühlingszwiebeln
1 Handvoll Cashews

Für die Soße:
1 EL Hoisin-Soße
10 EL Sojasoße
2-3 Scheiben gehackter Ingwer
2 TL Erythrit
1 EL Apfelessig
2 Knoblauchzehen
150 ml Gemüsebrühe
1 rote Chili

Nährwerte p. P.

338 kcal
11 g Kohlenhydrate
14 g Fett
39 g Eiweiß

1 Verrühren Sie alle Zutaten für die Soße miteinander. Hierfür die Knoblauchzehen pressen und die Chili ganz fein hacken. Die Brühe darf allerdings noch nicht hineingemengt werden.

2 Das Fleisch in Würfel schneiden und in der Soße einlegen. Schneiden Sie die Paprika und den Brokkoli in kleine Stücke. Die Frühlingszwiebeln in dünne Scheiben schneiden.

3 Öl in den Topf des Multifunktionskochers geben und das Gerät auf "Sauté" einstellen.

4 Das Fleisch hineingeben und mit etwas Soße beträufeln. Scharf anbraten und hin und wieder umdrehen.

5 Nun die Brühe zur Soße geben und gut vermengen. Über die Fleischwürfel gießen und den Deckel des Multifunktionskochers schließen. Achten Sie darauf, dass auch das Druckventil verriegelt ist. Stellen Sie den Modus "Pressure Cook" ein und die Zeit auf 5 Minuten.

6 Anschließend sachte das Druckventil öffnen. Wieder auf "Sauté" einstellen. Die Cashewnüsse und das geschnittene Gemüse hinzufügen. Erneut 5 Minuten einstellen und ab und zu umrühren.

BUTTERCHICKEN

5 Port.

35 Min.

Leicht

Zutaten

400 g gewürfelte Tomaten
6 g Salz
6 g Ingwer, gerieben
8 g Knoblauch, gepresst
2 g Garam Masala
9 g Kurkuma
115 g Butter
180 g Schlagsahne
1 kg Hühnerkeule, gehäutet, entbeint
2 g Himalaja-Salz

Nährwerte p. P.

739 kcal
9 g Kohlenhydrate
54 g Fett
52 g Eiweiß

1 Den Ingwer gemeinsam mit dem Knoblauch in den Innentopf geben, Salz und Dosentomaten hinzufügen und alles gut verrühren. Alle Gewürze unterrühren.

2 Das Hähnchen in Würfel schneiden und ebenfalls in den Innentopf geben. Den Deckel verschließen und den Druckmodus drücken. 10 Minuten einstellen und den Multifunktionskocher starten.

3 Nach den 10 Minuten weitere 10 Minuten ruhen lassen und dann den Dampf langsam entweichen lassen.

4 Sobald der Sicherheitsverschluss sich öffnen lässt, den Deckel abnehmen. Die Fleischstücke herausnehmen.

5 Sahne und Butter in den Topf geben und alles mit dem Pürierstab pürieren. Das Fleisch wieder hineinlegen und alles gut abschmecken.

PULLED BEEF

5 Port.

2 Std. 10 Min.

Mittel

Zutaten

5 EL Tomatenmark
500 g Rinderbraten
3 Möhren
1 Zwiebel
2 Knoblauchzehen
2-3 EL Honig
1 Lorbeerblatt
1 Stange Sellerie
1 EL Zitronensaft
3 EL Fischsoße
1 EL Tamarindenpaste

Nährwerte p. P.

421 kcal
31 g Kohlenhydrate
9 g Fett
49 g Eiweiß

1 Öl im Innentopf des Multifunktionskochers erhitzen und den Braten rundherum scharf anbraten.

2 Die Möhren, die Zwiebeln, den Sellerie und den Knoblauch grob hacken und in den Topf dazugeben.

3 Alle übrigen Zutaten hinzugeben.

4 Eine Tasse Wasser hineingießen und gut salzen. Den Multifunktionskocher schließen und im Programm "Soup" nun alles 2-4 Stunden kochen. Es sollten 2 Stunden genügen.

5 Anschließend den Sellerie und das Fleisch abschöpfen. Den Rest pürieren. Das Fleisch hineinlegen und mit Gabeln auseinanderrupfen.

Hauptgerichte mit Fisch

LACHS

4 Port.

40 Min.

Leicht

Zutaten

4 Lachssteaks
1 Zitrone
500 g Kartoffeln
Salz
Thymian, Dill
Olivenöl
Butter

Nährwerte p. P.

116 kcal
21 g Kohlenhydrate
0 g Fett
4 g Eiweiß

1 Die geschälten Kartoffeln in feine Scheiben schneiden. Die Schüssel des Multifunktionskochers mit Butter einfetten und die Kartoffelscheiben darin anordnen. Salz und Thymian darüberstreuen. Olivenöl darüber träufeln.

2 Die Lachssteaks auf Alufolie legen, Olivenöl, Salz und Dill darüber geben. Den Fisch einwickeln und auf die Kartoffeln legen.

3 10 Minuten bei 200 °C schmoren lassen. Anschließend das nächste Lachspäckchen auf die Kartoffeln legen und 5 Minuten garen.

JAMBALAYA

6 Port.

20 Min.

Leicht

Zutaten

Cajun-Gewürz
250 g kreolische Andouille-Wurst
500 g große Garnelen, gekocht
1,5 Tassen Hühnerbrühe
Jeweils 1 rote und grüne Paprika
2,5 EL Olivenöl
5 Knoblauchzehen
½ Zwiebel
1 Dose Tomaten, stückig
1 Tasse Reis, langkörnig

Nährwerte p. P.

405 kcal
21 g Kohlenhydrate
21 g Fett
29 g Eiweiß

1 Die Andouillewurst in Scheiben schneiden und mit den Garnelen in eine Schüssel geben. Mit 1 EL Cajun-Gewürz vermischen.

2 Stellen Sie den Modus "Sauté" ein und geben Olivenöl in den Multifunktionskocher. Die Zwiebel und den Knoblauch fein hacken. Im heißen Öl glasig dünsten.

3 Beenden Sie den Modus und mischen den Reis unter.

4 Die Paprika in Würfel schneiden und mit den Tomaten, der Brühe und 2 EL Cajun-Gewürz zum Reis geben. Alles gut verrühren.

5 Den Deckel und das Ventil verriegeln und unter "High Pressure" 8 Minuten kochen lassen.

6 Den Druck zügig entweichen lassen und die Wurst und die Garnelen dazugeben. Den Deckel wieder schließen und weitere 10 Minuten garen.

LACH IM NUSSMANTEL

2 Port. 20 Min. Leicht

Zutaten

15 g Walnüsse
270 g Lachssteak
1,5 l Wasser
15 g Zedernnüsse
Gewürze
Salz

Nährwerte p. P.

381 kcal
2 g Kohlenhydrate
25 g Fett
34 g Eiweiß

1 Den Fisch salzen und mit Gewürzen nach eigenem Belieben einreiben. Die Walnüsse und die Zedernnüsse hacken.

2 Wasser in den Multifunktionskocher geben und den Garkorb einlegen. Den Fisch hineinlegen, die Nüsse darauf verteilen und festdrücken.

3 Den Deckel verschließen, das Ventil ebenfalls schließen. Den Modus "Steam" - "Fish" und 20 Minuten einstellen.

FISCHKUCHEN

1 Port.

1 Std.

Mittel

Zutaten

500 g Plunderteig
10 g Butter
150 g Kartoffeln
250 g Makrele, konserviert

Nährwerte p. P.

2527 kcal
202 g Kohlenhydrate
155 g Fett
73 g Eiweiß

1 Den Fisch mithilfe einer Gabel klein rupfen. Die Kartoffeln schälen und in dünne Scheiben schneiden.

2 Halbieren Sie den Teig und rollen jede Portion auf 1 cm Dicke aus und auf die Größe der Schale des Multifunktionskochers.

3 Den Innentopf einfetten und eine Teigplatte hineinlegen. Den Fisch auf dem Teig verteilen, die Kartoffelscheiben darauf schichten und salzen. Den zweiten Teig darauflegen. Drücken Sie die Ränder fest. Stechen Sie mit einer Gabel vorsichtig Löcher in die Teigdecke.

4 Im Modus "Bake/Bread" den Kuchen 1 Stunde backen. Nach 30 Minuten den Kuchen umdrehen und den Deckel wieder schließen.

MUSCHELN IN WEIẞWEINSAUCE

2 Port.

40 Min.

Leicht

Zutaten

1 kg Muscheln
2 Knoblauchzehen
1 EL Öl
300 ml trockener Weißwein
2 EL gehackte Petersilie
300 g Tomaten
25 g Butter
1 EL Zitronensaft

Nährwerte p. P.

630 kcal
54 g Kohlenhydrate
19 g Fett
57 g Eiweiß

1 Die Muscheln putzen. Im Modus "Sauté" das Gerät auf die Temperatur HI erhitzen.

2 Öl in den Topf geben. Die Zwiebel und den Knoblauch fein würfeln und in den Multifunktionskocher geben. 3 Minuten dünsten. Mit dem Wein ablöschen und 5 Minuten weiter kochen.

3 Die Tomaten in kleine Würfel schneiden. Tomaten, Petersilie und Muscheln hinzugeben. Salzen und pfeffern.

4 Den Deckel schließen und im Modus "Braten/Backen" auf 180 °C 10 Minuten kochen. Den Dampf natürlich entweichen lassen. Abschließend Butter und Zitronensaft unterrühren.

THUNFISCH-KARTOFFEL-EINTOPF

4 Port.

40 Min.

Leicht

Zutaten

400 g Thunfischsteaks
600 g Kartoffeln, festkochend
400 g Tomaten, stückig
1 rote Paprika
2 EL grüne Würzpaste
1 Lorbeerblatt
1 Handvoll Oliven
Pfeffer und Salz
Öl
Oregano

Nährwerte p. P.

313 kcal
36 g Kohlenhydrate
2 g Fett
34 g Eiweiß

1 Die geschälten Kartoffeln in Stücke schneiden, die Paprika fein würfeln. Öl im Multifunktionskocher erhitzen und die Paprikawürfel und die Kartoffeln darin anbraten.

2 Geben Sie die Würzpaste dazu und rühren alles gut um. Lorbeerblatt und die Tomaten untermengen und köcheln lassen.

3 Schneiden Sie den Thunfisch in Würfel, halbieren sie die Oliven und geben beides in den Multifunktionskocher. Mit Oregano würzen. Den Deckel schließen und unter Druck 3 Minuten garen.

4 Abschließend 10 Minuten warten und den übrigen Dampf entweichen lassen. Erneut abschmecken.

Vegetarische Hauptgerichte

PILZNUDELN

 4 Port.  25 Min.  Leicht

Zutaten

250 g Champignons
3 EL Olivenöl
500 ml Wasser
½ Zwiebel, mittelgroß
1 TL Salz
3 Knoblauchzehen
½ TL schwarzer Pfeffer
250 ml Sahne
250 g Penne
2 EL gehackte Petersilie
1 Tasse TK-Erbsen, aufgetaut
½ Tasse Parmesan, gerieben

Nährwerte p. P.

1070 kcal
103 g Kohlenhydrate
58 g Fett
27 g Eiweiß

1 Den Multifunktionskocher im "Sauté"-Modus einschalten und aufheizen lassen.

2 In den Innentopf 2 EL Öl geben. Die Pilze in Scheiben schneiden und in den Multifunktionskocher geben. Salz darüber streuen. Für 5 Minuten garen. Anschließend herausnehmen und auf die Seite stellen.

3 Erneut 1 EL Öl im Multifunktionskocher erhitzen. Die geschälte Zwiebel fein hacken, den Knoblauch hineinpressen. Alles kurz anbraten.

4 Mit Pfeffer und Salz abschmecken, Wasser hinzugießen. Die Nudeln ebenfalls dazugeben und alles gut verrühren. Nun den Multifunktionskocher in den Cool Down Modus stellen.

5 Den Deckel auflegen und schließen. Nun nochmals 5 Minuten einstellen. Anschließend den Druck über das Ventil ablassen und den Deckel erst öffnen, wenn der Stift komplett wieder versenkt ist.

6 Den Multifunktionskocher nun erneut in den "Sauté"-Modus einstellen und die Sahne und den Parmesan untermengen.

7 Die Champignons mit den Erbsen zusammen in den Multifunktionskocher geben und 3 Minuten garen. Erneut abschmecken. Den Saute-Modus dann ausschalten. Mit Petersilie garnieren und servieren.

ÜBERBACKENE KARTOFFELN

8 Port. 30 Min. Leicht

Zutaten

4 Kartoffeln
1 Tasse Wasser
Öl
2 EL Butter
1 Zwiebel
1 Tasse Milch
1 Tasse Cheddar-Käse, gerieben
3 EL Mehl
½ TL Salz
¼ TL Pfeffer
1 TL frischer Thymian, fein gehackt

Nährwerte p. P.

181 kcal
11 g Kohlenhydrate
11 g Fett
8 g Eiweiß

1 Die Kartoffeln schälen und in feine Scheiben schneiden. Die geschälte Zwiebel ebenfalls in dünne Scheiben schneiden.

2 Gießen Sie das Wasser in Ihren Multifunktionskocher und legen den Untersetzer hinein.

3 Ölen Sie eine runde Form (22 cm) ein. Die Kartoffelscheiben auf 3 Ebenen schichten. Zwischen Schicht 1 und 2 kommen die Zwiebeln.

4 Butter in einem Topf zum Schmelzen bringen, Mehl unterrühren. Die Milch dazugeben und mit Pfeffer, Salz, Thymian und Käse verquirlen. Einmal aufkochen lassen.

5 Diese Masse über die Kartoffeln geben und die Form in den Multifunktionskocher stellen.

6 Den Deckel und das Ventil verschließen und im Modus "High Pressure" 30 Minuten kochen.

7 Den Druck schnell entweichen lassen und den Deckel öffnen, sobald das Stäbchen komplett abgesunken ist.

PASTA FÜR FAULE

4 Port.

20 Min.

Leicht

Zutaten

300 ml Hühnerbrühe
100 g Nudeln
1 Zwiebel
1 TL Tomatenmark
4 Champignons
1 TL Basilikum
1 TL Oregano
Öl

Nährwerte p. P.

100 kcal
18 g Kohlenhydrate
0 g Fett
3 g Eiweiß

1 Die geschälte Zwiebel fein würfeln. Öl in den Multifunktionskocher geben und im "Sauté"-Modus erhitzen. Zwiebeln darin dünsten. Die Brühe zum Ablöschen dazugeben.

2 Die Pilze in feine Scheiben schneiden und mit den Nudeln, den Ge-würzen und dem Tomatenmark in den Multifunktionskocher geben.

3 Anschließend im Modus "Manual" - "High Pressure" 4 Minuten kochen. 3 Minuten warmhalten.

4 Mithilfe des "Quick Release" den Dampf entweichen lassen.

SÜẞKARTOFFELPÜREE MIT PILZEN

4 Port. 1 Std. Leicht

Zutaten

300 g Pilze
1 Süßkartoffel
30 g Butter
3 EL Mehl
140 ml Weißwein
Salz
Muskat
Thymian
400 ml Wasser

Nährwerte p. P.

541 kcal
71 g Kohlenhydrate
15 g Fett
8 g Eiweiß

1 Die Süßkartoffel waschen und mit einer Gabel einstechen. Anschließend auf den Rost in den Innentopf legen.

2 Gießen Sie 400 ml Wasser hinein, setzen den Multifunktionskocher unter Druck und lassen die Süßkartoffel 30 Minuten garen.

3 Die Süßkartoffel herausnehmen, pürieren und mit Thymian und Salz abschmecken.

4 Die gewaschenen Pilze klein schneiden und mit ein wenig Butter in den Multifunktionskocher geben. 20 Minuten im Modus "Sauté" dünsten.

5 Wein, Mehl und Butter verquirlen und ebenfalls in den Multifunktionskocher geben. Bis zum Schluss kochen.

SPAGHETTI MIT CHAMPIGNONS UND ZUCCHINI

7 Port.

1 Std.

Leicht

Zutaten

700 g Hähnchenbrust
150 g Champignons
1 Bund Petersilie
1 Dose Mais
500 g Spaghetti
500 g saure Sahne
3 Zucchini
2 Würfel Hühnerbrühe
Salz
Thymian
Parmesan
Wasser

Nährwerte p. P.

154 kcal
20 g Kohlenhydrate
4 g Fett
2 g Eiweiß

1 Wasser im Wasserkocher erhitzen. Die Hähnchenbrust in mundgerechte Stücke schneiden und in den Innentopf vom Multifunktionskocher geben. Die Bratfunktion einschalten und etwas Wasser dazugeben.

2 Die gewaschenen Champignons kleiner schneiden und ebenfalls zur Hähnchenbrust geben. 700 ml heißes Wasser, einen Teil der sauren Sahne und die Brühe-Würfel verrühren und zur Hähnchenbrust geben.

3 Die Nudeln dazugeben. Die Zucchini in feine Würfel schneiden und die Petersilie hacken.

4 Zucchini ebenfalls in den Multifunktionskocher geben, 4 EL saure Sahne unterrühren. Mit Thymian und Salz würzen und 3 Minuten nun unter Druck garen.

5 Anschließend 3 Minuten warten, dann manuell den Druck entweichen lassen und den Deckel abnehmen. Den Mais und die Petersilie in das Gericht einrühren.

6 Die Nudeln auf Teller verteilen und mit Parmesan bestreuen.

Vegane Hauptgerichte

GEMÜSE-CURRY-REIS

 4 Port.

 30 Min.

 Leicht

Zutaten

125 g Möhren
1 Zwiebel
1 EL Olivenöl
2 Knoblauchzehen
300 g Basmatireis
125 g TK-Erbsen
500 ml Gemüsebrühe
½ TL Salz
1 TL Kurkuma
1 EL Currypulver

Nährwerte p. P.

359 kcal
66 g Kohlenhydrate
5 g Fett
8 g Eiweiß

1 Die geschälten Knoblauchzehen und die Zwiebel in feine Würfel schneiden. Die gewaschene Möhre schälen und ebenfalls fein würfeln.

2 Stellen Sie das Programm "Sauté" auf Ihrem Multifunktionskocher ein und geben Sie Olivenöl in den Topf. Sobald das Öl heiß ist, können die Zwiebeln dazugegeben werden. Anschließend Karotten und Knoblauch hinzufügen und weiterbraten.

3 Füllen Sie den Reis und die Erbsen in den Topf und rühren gut um. Salz, Currypulver und Kurkuma unterrühren. Alles ein wenig rösten und zum Ablöschen die Brühe dazugeben und alles gut verrühren.

4 Anschließend in den Modus "Keep warm/Cancel" wechseln und den Deckel auflegen, alles verschließend und auf dem Ventil "Sealing" einstellen. Nun die Reistaste aktivieren, es sollte nun die Anzahl 12 Minuten erscheinen.

5 Den Druck über das Ventil ablassen, den Multifunktionskocher öffnen und den Reis nochmals umrühren.

BLUMENKOHL-CURRY

6 Port.

15 Min.

Leicht

Zutaten

½ Zwiebel
400 g Blumenkohl
400 g Kürbis
3 Knoblauchzehen
1 Tasse Wasser
2 EL Currypaste, rot
100 g rote Linsen
1,5 TL Salz
1 Dose Kokosmilch
1 TL Kurkuma
400 g Tomaten, stückig

Nährwerte p. P.

208 kcal
20 g Kohlenhydrate
8 g Fett
9 Eiweiß

1 Die Zwiebel schälen und in feine Würfel schneiden. Den Blumenkohl in Röschen zerteilen und den Kürbis würfeln.

2 Alle Zutaten in den Multifunktionskocher geben. Ventil und Deckel schließen. Im Modus "High Pressure" 5 Minuten garen. Den Druck sofort manuell entweichen lassen.

3 Einmal gut umrühren und mit Salz abschmecken.

LINSEN-GEMÜSE-PFANNE

4 Port. 35 Min. Leicht

Zutaten

100 g Beluga Linsen
3 EL Olivenöl
250 ml Wasser
3 Möhren
1 Süßkartoffel
2 Kartoffeln
Je ¼ TL Pfeffer und Salz
1 EL Petersilie, gehackt
¼ TL Paprikapulver, edelsüß

Nährwerte p. P.

379 kcal
50 g Kohlenhydrate
12 g Fett
10 g Eiweiß

1 Das Wasser mit den Linsen in den Multifunktionskocher geben, den Einsatzträger hineinlegen.

2 Das Gemüse schälen und in Würfel schneiden. In einer hitzeresistenten Schüssel auf den Einsatzträger stellen.

3 Schließen Sie den Deckel und das Ventil. Im Modus "Manual" 15 Minuten kochen. Anschließend 10 Minuten warten, sodass der Dampf natürlich entweichen kann.

4 Den übrigen Dampf entweichen lassen und den Deckel langsam öffnen.

5 Butter in einer Pfanne schmelzen lassen und das Gemüse darin nochmals anbraten. Die Linsen untermengen und alles mit Salz, Pfeffer, Paprikapulver und der gehackten Petersilie gut würzen.

ZUCCHINI-REIS

 4 Port.
 30 Min.
 Leicht

Zutaten

350 g Kaisergemüse
900 ml Gemüsebrühe
200 g Thai-Reis
2 Knoblauchzehen
1 Zucchini
Frische Kräuter

Nährwerte p. P.

452 kcal
93 Kohlenhydrate
1 g Fett
10 g Eiweiß

1 Die Zucchini in kleine Würfel schneiden. Den Knoblauch schälen und fein hacken.

2 Den Reis mit der Brühe in den Multifunktionskocher geben, das geschnittene Gemüse hinzugeben. Den Deckel schließen.

3 Im Modus "Sauté" 20 Minuten kochen lassen. Mit Gewürzen abschmecken.

ROTE-BETE-RISOTTO

4 Port.

12 Min.

Leicht

Zutaten

2 Kardamomkapseln
1 EL Olivenöl
1 Lorbeerblatt
2 Nelken
½ TL Kreuzkümmelsamen
10 Curryblätter
1 EL Mandelstifte
1 Zwiebel, weiß und gehackt
2 rote Beten
1 Tasse Risottoreis
1 Zucchini
1 EL Kokosraspeln
2 EL gehackter Koriander
4 Tassen Brühe
¾ TL Salz

Nährwerte p. P.

399 kcal
50 Kohlenhydrate
15 g Fett
9 g Eiweiß

1 Den Multifunktionskocher im Programm "Sauté" anheizen. Die Zwiebel mit den Mandeln und den Gewürzen in den Multifunktionskocher geben und verrühren.

2 Die Zucchini schälen und von den Kernen befreien. Anschließend klein würfeln. Die Rote Bete ebenfalls fein würfeln und beides in den Multifunktionskocher geben.

3 Den Reis durchwaschen und auch in den Innentopf geben. Alles mit Brühe angießen und den Multifunktionskocher schließen.

4 Im Modus "Pressure Cook" und 12 Minuten kochen. Den Dampf vorsichtig entweichen lassen. Die Kokosraspeln untermengen.

ARTISCHOCKEN

1 Port. 25 Min. Leicht

Zutaten

1,5 Tassen Wasser
3 mittlere Artischocken
½ Zitrone
Nach Belieben: Kräuter, Lorbeerblätter, Knoblauch, Zitrone

Nährwerte p. P.

163 kcal
10 g Kohlenhydrate
0 g Fett
9 g Eiweiß

1 Entfernen Sie die trockenen Blätter und schneiden Sie den Strunk ab. Die Artischocken oben 1-1,5 cm abschneiden.

2 Die zugeschnittenen Artischocken waschen, auch zwischen den Blättern das Wasser durch schwemmen lassen. Anschließend gründlich abtupfen. Die Zitrone über den Artischocken ausdrücken.

3 Den Untersetzer in den Multifunktionskocher legen. Wasser hineingießen und die Zusatzbeilagen nach Belieben hinzufügen.

4 Die Artischocken mit den Spitzen nach unten hineinlegen. Den Deckel schließen und das Ventil versiegeln. Geben Sie manuell 15 Minuten ein und stellen "High Pressure" ein.

5 Das Ventil auf "Entlüften" einstellen und die Artischocken herausnehmen.

BURRITO BOWL

1 Port.

10 Min.

Leicht

Zutaten

2 Tassen Reis
3 EL Koriander, gehackt
1 EL Olivenöl
2 Jalapeños
1 Tasse Mais
3 Knoblauchzehen
1 Tasse Zwiebel, gewürfelt
1 Avocado, gewürfelt
1 Tasse Salsa
3 EL Taco-Gewürz
2 Tassen Paprika, gewürfelt
Salz
Etwas Wasser
1 Tasse Käse, gerieben und vegan

Nährwerte p. P.

1540 kcal
171 g Kohlenhydrate
69 g Fett
28 g Eiweiß

1 Waschen Sie den Reis gründlich aus. Geben Sie Öl in den Multifunktionskocher und erhitzen dieses im Modus "Sauté". Den Knoblauch pressen und mit den Jalapeños ins heiße Öl geben.

2 Die Zwiebel ebenfalls hineingeben und alles gemeinsam dünsten. Den Mais, die Paprika, die Salsa, den Reis, das Taco-Gewürz, den Koriander und Salz in den Multifunktionskocher geben.

3 Wasser zum Ablöschen hineingießen. Den Deckel und das Ventil verschließen. Im Anschluss im Modus "Reis" 5 Minuten garen.

4 Den Druck entweichen lassen und alles gut verrühren. Anschließend herausschöpfen und mit gewürfelter Avocado und veganem Käse garnieren.

KICHERERBSENCURRY

4 Port. 50 Min. Leicht

Zutaten

500 ml Wasser
250 g Kichererbsen, getrocknet
500 g Tomaten, passiert
1 Knoblauchzehe
2 EL Tomatenmark
2 Zwiebeln
1 TL Kreuzkümmel
1 Stück Ingwer, ca. 3 cm
1 TL Garam Masala
Je 1 TL Kurkuma, Kreuzkümmel und Salz
1 Chilischote

Nährwerte p. P.

265 kcal
42g Kohlenhydrate
3 g Fett
11 g Eiweiß

1 Geben Sie alle Zutaten in den Innentopf Ihres Multifunktionskochers. Verrühren Sie diese gut miteinander.

2 Den Deckel und das Ventil schließen und den Modus "Chili/ Beans" und 45 Minuten einstellen.

3 Anschließend ausdampfen lassen und den Deckel öffnen. Erneut abschmecken.

Fingerfood & Snacks

NACHOS

4 Port.

30 Min.

Leicht

Zutaten

500 g Hackfleisch, gemischt
500 g Tortilla-Chips
2 Tassen Rinderbrühe
1,5 Tassen weißen Reis
2 EL Taco-Gewürz
250 g Tomaten, gewürfelt
Öl

Nährwerte p. P.

784 kcal
59 g Kohlenhydrate
39 g Fett
47 g Eiweiß

1 Einen Schuss Öl in den Multifunktionskocher geben und im Modus "Sauté" erhitzen. Das Hackfleisch hinzufügen. Das Gewürz darüber verteilen.

2 Die Tomaten unterrühren. Alles gut verrühren und die Rinderbrühe dazu gießen. Den Reis untermengen.

3 Verschließen Sie den Deckel und lassen es 12 Minuten unter niedrigem Druck kochen.

4 Den Dampf entweichen lassen und die Masse auf den Nachos verteilen.

EDAMAME

4 Port.

6 Min.

Leicht

Zutaten

500 g Edamame, TK
1 TL Pfeffer
1 TL Salz
1 Tasse Wasser

Nährwerte p. P.

306 kcal
8 g Kohlenhydrate
15 g Fett
30 g Eiweiß

1 Das Wasser in den Multifunktionskocher füllen. Anschließend Salz und Pfeffer einrühren und die Edamame dazugeben.

2 Den Deckel und das Ventil schließen und verriegeln. Im Modus "High Pressure" 5 Minuten kochen.

3 Den Dampf schnell entweichen lassen und den Deckel öffnen.

GEBACKENE SÜßKARTOFFELN

5 Port.

20 Min.

Leicht

Zutaten

1 Tasse Wasser
6 Süßkartoffeln
Belag: Sauerrahm und Marmelade oder Butter mit Zimt-Zucker

Nährwerte p. P.

685 kcal
144 g Kohlenhydrate
3 g Fett
9 g Eiweiß

1 Die gewaschenen Süßkartoffeln mithilfe einer Gabel einstechen. Den Dämpfkorb in den Multifunktionskocher stellen und die Kartoffeln darauflegen.

2 Das Wasser anschließend in den Topf gießen und den Deckel und das Ventil verriegeln. Unter "High Pressure" 16 Minuten garen.

3 Lassen Sie nun den Druck ab und öffnen den Deckel. Nehmen Sie die Kartoffeln heraus und ritzen Sie diese an der Oberseite ein. Sie können diese aber auch in Scheiben schneiden und mit Belag servieren.

Desserts

MANGO MIT STICKY RICE

4 Port.

1 Std. 45 Min.

Mittel

Zutaten

200 g Klebreis
500 ml Kokosmilch
400 ml Wasser
5 g Speisestärke
45 g Zucker
2 reife Mangos
10 g Salz
Sesam

Nährwerte p. P.

493 kcal
47 g Kohlenhydrate
30 g Fett
4 g Eiweiß

1 Legen Sie den Reis für 60 Minuten in Wasser ein und waschen ihn danach gründlich aus.

2 Den Multifunktionskocher mit Wasser füllen und den Dampfkorb hineinsetzen. Ein Stück Backpapier darin platzieren. Den Reis auf dem Backpapier verteilen und den Multifunktionskocher schließen. Im Modus "Manual" 14 Minuten garen.

3 Die dickflüssige Kokosmilch am oberen Rand in eine Schüssel abschöpfen. Den Rest der Kokosmilch in einer Pfanne mit ¾ des Zuckers und ¾ des Salzes langsam erhitzen.

4 Den Dampf aus dem Multifunktionskocher entweichen lassen und den Reis in eine Schüssel füllen. Die warme Kokosmilch portionsweise unterrühren und 15 Minuten durchziehen lassen.

5 Anschließend die cremige Kokosmilch in die Pfanne geben und mit dem übrigen Salz und Zucker erwärmen. Rühren Sie die Speisestärke in kaltes Wasser ein und fügen Sie diese zur Kokosmilch in der Pfanne hinzu.

6 Die Enden der Mangos abschneiden, anschließend schälen und zum Schluss in Würfel schneiden.

7 Verteilen Sie den Klebreis auf kleine Schüsseln und legen die Mangos seitlich daneben. Träufeln Sie nun die dickflüssige Kokosmilch darüber und streuen ein wenig Sesam überall darauf.

MARTINI-ESPRESSO-TÖRTCHEN

6 Port.

5 Std.
25 Min.

Mittel

Zutaten

500 ml Doppelrahm
60 g Kaffeebohnen
8 Eigelb
150 g Zucker
125 ml Sahne
45 ml Espressolikör
Wasser

Nährwerte p. P.

539 kcal
29 g Kohlenhydrate
40 g Fett
14 g Eiweiß

1 Die Kaffeebohnen grob mahlen. Stellen Sie das Programm "Anbraten bei niedriger Hitze" und 3 Minuten auf Ihrem Multifunktionskocher ein. Den Rahm, den Kaffee und den Zucker darin erhitzen.

2 Die Eigelbe verquirlen und die erhitzte Kaffeesahne und den Likör langsam unterrühren. 45 Minuten durchziehen lassen. Die Sahne durch ein Sieb gießen und den übrigen Kaffeesatz entsorgen.

3 6 hitzebeständige Gläser mit der Sahne befüllen und gut verschließen.

4 Den Innentopf des Multifunktionskochers reinigen und den Untersetzer darin platzieren. Den Topf bis zu ⅕ mit Wasser befüllen.

5 Stellen Sie nun den Modus "Sous Vide" und 83 °C und 1 Stunde ein. Ist das Wasser ausreichen warm, können die Gläser hineingestellt werden.

6 Die Puddings abkühlen lassen und weitere 2 Stunden im Kühlschrank kühlen. Die Sahne steif schlagen und auf den Puddingtörtchen platzieren.

NUSS-SCHOKOLADEN-KUCHEN

1 Port. 2 Std. Mittel

Zutaten

225 g Zucker
4 Eier
2 TL Backpulver
100 g Schokolade
160 g Mehl
75 g Butter
100 g Walnüsse

Nährwerte p. P.

3489 kcal
404 g Kohlenhydrate
178 g Fett
58 g Eiweiß

1 Den Zucker mit den Eiern verquirlen. Die Butter dazugeben und nochmals aufschlagen. Backpulver und Mehl untermengen.

2 Schmelzen Sie die Schokolade und rühren Sie sie in den Teig ein. Die Walnüsse fein hacken und ebenfalls unterrühren.

3 Den Innentopf des Multifunktionskochers einfetten und den Teig einfüllen. Im Modus "Baking" 1 Stunde backen. Den Kuchen auskühlen lassen und dann herausnehmen.

ERDNUSSBUTTER-KÄSEKUCHEN

 10 Port.  5 Std.  Mittel

Zutaten

Für die Kruste
5 EL Butter, flüssig
18 Oreo-Kekse

Füllung
100 g Zucker
400 g Frischkäse
1 TL Vanilleextrakt
75 g Erdnussbutter
50 g Schlagsahne
1 EL Mehl
2 Eier
Eine Tasse Wasser

Ganache
150 g Milchschokoladen-stückchen
100 g Erdnussbutter-Cups
100 g Schlagsahne

Nährwerte p. P.

498 kcal
35 g Kohlenhydrate
34 g Fett
10 g Eiweiß

1 Die Kekse zu kleinen Krümeln zerstoßen und mit der flüssigen Butter vermengen.

2 Eine Backform mit 17 cm Durchmesser einfetten und die Keksmischung auf dem Boden verteilen und andrücken. Die Form in den Kühlschrank stellen.

3 Erdnussbutter, Frischkäse und Zucker aufschlagen. Mehl, Vanilleextrakt und Schlagsahne dazugeben. Die Eier nacheinander dazugeben und nochmals alles gut verrühren. Die Füllung auf dem Keksboden verteilen.

4 Mit Frischhaltefolie abdecken. Folie auf einer Arbeitsplatte ausbreiten und die Form daraufstellen. Anschließend die Form komplett umwickeln.

5 Den Untersetzer in den Multifunktionskocher legen und die Form daraufstellen. Den Boden mit einer Tasse Wasser bedecken.

6 Ventil und Deckel schließen. Im Modus "High Pressure" 50 Minuten backen.

7 Den Druck von selbst langsam entweichen lassen. Den Deckel öffnen und den Kuchen auskühlen lassen. 4 Stunden in den Kühlschrank stellen.

8 Die Milchschokolade in der Sahne zergehen lassen. Anschließend über dem Kuchen verteilen und mit den Erdnussbutter-Cups dekorieren.

ZITRONENCREME

3 Port.

20 Min.

Leicht

Zutaten

140 g Butter
2 Eier und 2 Eigelb
1 EL Zitronenschale
200 g Zucker
140 ml Zitronensaft
Prise Salz

Nährwerte p. P.

722 kcal
71 g Kohlenhydrate
46 g Fett
5 g Eiweiß

1 In einer Glasschüssel Eigelb, Eier, Zitronenschale, Zucker, Salz und Zitronensaft miteinander verquirlen. Anschließend mit dem Stabmixer pürieren.

2 Die Schüssel mit Klarsichtfolie weitestgehend luftdicht abdecken. 250 ml Wasser in den Innentopf des Multifunktionskochers gießen. Legen Sie den Untersetzer in den Multifunktionskocher und stellen Sie die Glasschüssel darauf.

3 Den Deckel schließen und auf "High Pressure" stellen. 3 Minuten garen.

4 Den Druck anschließend von selbst abfallen lassen und den Deckel langsam abnehmen.

5 Die Butter mit einem Schneebesen in die Creme rühren und diese dann durch ein Sieb streichen.

6 Abschließend die Zitronencreme in saubere Gläser füllen. Sie ist nun 1 Woche haltbar.

GEBACKENE BANANEN

2 Port.

5 Min.

Leicht

Zutaten

3 TL Zucker
1 TL Johannisbrotmehl
Zimt
1 Banane

Nährwerte p. P.

80 kcal
16 g Kohlenhydrate
0 g Fett
0 g Eiweiß

1 Johannisbrotmehl, Zucker und Zimt in einer Schüssel vermengen. Die Banane in feine Scheiben schneiden und in der Mehlmischung wenden.

2 Backpapier in den Multifunktionskocher legen und die Bananen darauf platzieren.

3 Im Multifunktionskocher in der "Air Fryer" Funktion auf 170 °C 5 Minuten backen.

KÜRBIS-KÄSEKUCHEN

1 Port.

55 Min.

Leicht

Zutaten

170 g Kürbis
2 EL Butter, geschmolzen
10 Butterkekse
2 EL Zucker
1 TL Kürbiskuchengewürz
200 ml Wasser
2 Eier
1 Eigelb
1 TL Vanillepaste
50 g Schlagsahne
100 g Zucker
200 g Frischkäse

Nährwerte p. P.

1021 kcal
107 g Kohlenhydrate
57 g Fett
17 g Eiweiß

1 Die Kekse zerkrümeln. Mit 2 EL Zucker und Butter verkneten. Drücken Sie die Krümel als Boden in eine Backform von 15 cm. Den Boden fest andrücken.

2 Frischkäse mit dem übrigen Zucker vermischen und glatt rühren. Die Eier und das Eigelb hineinschlagen. Kürbis, Kürbisgewürz, Vanillepaste und Schlagsahne dazugeben und gut verrühren.

3 Geben Sie die Masse auf den Keksboden. Die Form mit einer Alufolie abdecken.

4 Den Boden des Multifunktionskochers mit Wasser bedecken und einen Untersetzer hineinlegen. Die Backform darauf platzieren.

5 Ventil und Deckel schließen und im Modus "High Pressure" 30 Minuten backen.

6 Den Dampf entweichen lassen und den Kuchen gut abkühlen lassen.

POPCORN

6 Port.

10 Min.

Leicht

Zutaten

¾ Tasse Maiskörner
3 TL Kokosöl
3 TL Butter
Salz

Nährwerte p. P.

82 kcal
9 g Kohlenhydrate
3 g Fett
1 g Eiweiß

1 Erhitzen Sie den Multifunktionskocher im Modus "Sauté" und warten Sie 4 Minuten, bis er heiß genug ist.

2 Geben Sie das Kokosnussöl in den Multifunktionskocher. Sobald das Öl beginnt zu brutzeln, können die Maiskörner dazugegeben werden. 30 Sekunden lang rühren und erneut Öl darüber geben.

3 Schließen Sie den Deckel, es muss aber kein Druck aufgebaut werden.

4 Nach 4 Minuten müssten alle Maiskörner aufgepoppt sein. Den Deckel öffnen, Butter darüber geben und mit Salz bestreuen. Alles einmal verrühren.

Getränke

FRUCHTSAFT

4 Port.

1 Std.

Leicht

Zutaten

70 g Erdbeeren
70 g Brombeeren
70 g Kirschen, entsteint
70 g Johannisbeeren
70 g Pflaumen, entsteint
1,6 l Wasser
210 g Zucker

Nährwerte p. P.

380 kcal
74 g Kohlenhydrate
6 g Fett
3 g Eiweiß

1 Geben Sie alle Zutaten in den Multifunktionskocher und vermischen Sie alles gut miteinander.

2 Den Deckel verschließen, das Ventil ebenfalls schließen. Im Modus "Soup" für 1 Stunde kochen und anschließend ausdampfen lassen.

CHAI-LATTE

600 ml

1 Std.
5 Min.

Leicht

Zutaten

1 l Wasser
4 Anissterne
4 Zimtstangen
18 Teebeutel schwarzer Tee
2 Vanilleschoten
3 TL Nelken
1,5 TL Pfefferkörner
1,5 TL Kardamomkapseln
1,5 TL Nelken, gemahlen
2 EL Ingwer, in Scheiben
¼ TL Zitronensaft
250 g Honig
1 TL Fenchelsaat

Nährwerte p. P.

242 kcal
32 g Kohlenhydrate
9 g Fett
3 g Eiweiß

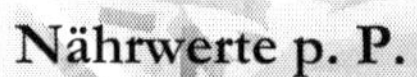

1 Geben Sie alle Zutaten bis auf den Honig in ihren Multifunktionskocher. Schließen Sie den Deckel und das Ventil.

2 Im Modus "Manual" 5 Minuten kochen lassen. Den Druck ablassen und die Gewürze und die Teebeutel abschöpfen.

3 Den Honig einrühren. Dieser Sirup kann nun mit heißer Milch vermengt werden. Für eine Tasse benötigen Sie 3-4 EL.

LIMONCELLO

2 Port.

35 Min.

Leicht

Zutaten

4 Zitronen
1,5 Tassen Zucker
2,5 Tassen Wasser
3 Tassen Wodka
2 Schraubgläser

Nährwerte p. P.

721 kcal
177 g Kohlenhydrate
0 g Fett
0 g Eiweiß

1 Die Zitronen gründlich waschen. Mit einem Schäler die Schale der Zitronen entfernen. Sobald der weiße Bereich zum Vorschein kommt, aufhören. Die weiße Haut entfernen.

2 Die gelben Zitronenschalen auf die beiden Schraubgläser verteilen und anschließend die Gläser zu ¾ mit Wodka auffüllen. Die Deckel verschließen.

3 1 Tasse Wasser in den Multifunktionskocher geben. Den Untersetzer hineinlegen und die Gläser darauf platzieren.

4 Im Modus "High Pressure" für 30 Minuten kochen. Deckel und Ventil sind geschlossen. Den Druck natürlich entweichen lassen.

5 In einem Topf 1,5 Tassen Wasser erhitzen, Zucker einrühren.

6 Den Sirup in den Gläsern komplett abkühlen lassen. Die Zitronenschalen herausnehmen.

7 Den Zuckersirup nach Belieben in die Gläser geben.

ZITRONENLIMONADE (KONZENTRAT)

1 Port. 10 Min. Leicht

Zutaten

1 Tasse Wasser
1 Tasse Zitronensaft
1 EL Zitronenschale
¾ Tasse Zucker
5 Tassen Wasser

Nährwerte p. P.

773 kcal
195 g Kohlenhydrate
0 g Fett
2 g Eiweiß

1 2 Zitronen schälen und anschließend die Zitronen entsaften. Sie benötigen eine ¾ Tasse.

2 Den Multifunktionskocher mit einer Tasse Wasser befüllen, ½ Tasse Zucker einrühren. Zitronenschale und Saft hinzugeben. Den Deckel und das Ventil schließen.

3 Im Modus "High Pressure" für 5 Minuten kochen, und den Dampf natürlich entweichen lassen.

4 Die Zitronenschale abschöpfen und das Konzentrat auskühlen lassen. Anschließend in einen Krug füllen und den übrigen Zucker einrühren.

5 4 Tassen Wasser dazugeben. Sollte die Limonade zu stark sein, noch mehr Wasser dazugeben.

GLÜHWEIN

3 Port.

1 Std.

Leicht

Zutaten

700 ml Rotwein
7 g Nelken
100 g Zucker
5 g Ingwer
10 g Rosinen
5 g Zimt
5 g Kardamom
5 g Pomeranzenschale

Nährwerte p. P.

372 kcal
45 g Kohlenhydrate
1 g Fett
1 g Eiweiß

1 Den Ingwer mit den Rosinen in den Multifunktionskocher geben und mit Wein auffüllen.

2 Zimt, Zucker, Kardamom, Pomeranzenschale und Nelken hinzufügen und alles gut verrühren.

3 Den Deckel verschließen. Im Programm "Multicook" bei 80 °C 20 Minuten kochen.

4 Anschließend den Dampf von selbst entweichen lassen.

MALINKA

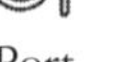

1 Port. 45 Min. Leicht

Zutaten

50 ml Limettensaft
600 g Himbeeren, TK
2 l trockener Wein
1 Zweig Minze
1 Vanilleschote
300 g Zucker

Nährwerte p. P.

2904 kcal
3510 g Kohlenhydrate
3 g Fett
11 g Eiweiß

1 Den Zucker in den Multifunktionskocher geben und den Limettensaft dazugeben.

2 Schneiden Sie die Vanilleschote längs in Scheiben. Entfernen Sie das Mark.

3 Den Minzzweig, die Beeren und das Vanillemark in den Multifunktionskocher geben. Mit Wein auffüllen. Im Modus "Drinks" 30 Minuten kochen.

4 Das Getränk anschließend auskühlen lassen und durch ein sehr engmaschiges Sieb passieren.

ERKÄLTUNGSSIRUP

 850 ml
 15 Min.
 Leicht

Zutaten

1 Tasse Holunderbeeren, getrocknet
1 TL Vanillepaste
1 Zimtstange
1 Zitrone
1 Orange
1 cm Ingwer
½ Tasse Honig
500 ml Wasser

Nährwerte p. P.

52 kcal
11 g Kohlenhydrate
0 g Fett
0 g Eiweiß

1 Ingwer, Zimtstange, Holunderbeeren und Vanillepaste in den Multifunktionskocher geben.

2 Sowohl die Zitrone als auch die Orange schälen und auspressen und die Schale sowie den Saft ebenfalls in den Multifunktionskocher geben. Wasser dazugeben und den Deckel und das Ventil verriegeln.

3 Im Modus "High Pressure" für 10 Minuten kochen. Den Dampf manuell entweichen lassen.

4 Die Masse durch ein Sieb gießen und auffangen. Den verbliebenen Sirup abkühlen lassen und den Honig darin auflösen.

Soßen, Dips & Dressings

PAPRIKASAUCE

6 Port.

30 Min.

Leicht

Zutaten

2 Knoblauchzehen
1 Zwiebel
2 TL Kokosöl
½ TL Pfeffer
½ TL Kümmel
½ TL Koriander
½ TL Kreuzkümmel
1-2 TL Sambal Oelek
1 Dose Tomaten, gewürfelt
⅛ TL Ceylon Zimt
1 EL Ahornsirup
½ TL Paprikapulver, edelsüß
⅛ TL Cayennepfeffer
2 TL Apfelessig
Salz und Pfeffer

Nährwerte p. P.

66 kcal
9 g Kohlenhydrate
2 g Fett
2 g Eiweiß

1 Das Programm "Sauté" auf dem Multifunktionskocher einstellen und 1 TL Kokosöl in den Topf geben. Die Zwiebel schälen, fein würfeln und im heißen Öl dünsten. Den Knoblauch hineinpressen und mitdünsten.

2 Erneut 1 TL Kokosöl hinzugeben, Koriander, Kreuzkümmel, Zimt und Pfeffer unterrühren. Kurz anbraten und dann den Ahornsirup hinzufügen. Unter Rühren zum Karamellisieren bringen.

3 Zum Ablöschen die Tomaten darüber gießen. Alle übrigen Zutaten ebenfalls hinzufügen und aufkochen lassen.

4 Den Deckel schließen, den Modus abschalten. Alles verriegeln. Im "Pressure Cooking"-Modus 10 Minuten garen. Anschließend 10 Minuten ruhen lassen, sodass der Dampf entweichen kann.

5 Den Deckel öffnen und mit Apfelessig, Ahornsirup und Salz würzen. Mit einem Pürierstab pürieren.

APRIKOSEN-CHUTNEY

 4 Port.  1,5 Std. Leicht

Zutaten

½ TL Salz
200 g Zucker
1 Zwiebel, fein gewürfelt
100 ml weißer Balsamico-Essig
500 g Aprikosen

Nährwerte p. P.

284 kcal
67 g Kohlenhydrate
0 g Fett
1g Eiweiß

1 Die gewaschenen Aprikosen halbieren und vom Kern befreien. In grobe Würfel schneiden.

2 Geben Sie alle Zutaten in den Innentopf des Multifunktionskochers und vermengen Sie sie miteinander.

3 Den manuellen Modus einstellen und 100 °C und 50 Minuten eingeben. Das Chutney nun köcheln lassen und hin und wieder umrühren.

4 Sobald die Flüssigkeit verkocht ist, kann das Chutney in sterile Gläser umgefüllt und sofort verschlossen werden. Lassen Sie es gut abkühlen. Das Chutney hält nun bei kühler Lagerung 6 Monate.

APFELMUS

12 Port. 30 Min. Leicht

Zutaten

6 Granny Smith Äpfel
2 EL Butter, gesalzen
1 Spritzer Zitronensaft
½ Tasse Ahornsirup
½ TL Muskatnuss
2 TL Zimt
1 TL Vanille
¾ Tasse Apfelsaft
¼ TL Salz

Nährwerte p. P.

55 kcal
9 g Kohlenhydrate
1 g Fett
0 g Eiweiß

1 Die geschälten Äpfel vom Kerngehäuse entfernen und in Spalten schneiden. Mit Zitronensaft beträufeln.

2 Geben Sie das Salz, die Vanille, den Zimt, die zerlassene Butter, den Ahornsirup und den Muskat zu den Äpfeln und rühren alles kräftig durch.

3 Den Apfelsaft in den Multifunktionskocher gießen und die eingelegten Äpfel hineinlegen.

4 Den Deckel und das Ventil schließen. 12 Minuten manuell kochen. Den Dampf entweichen lassen und dann manuell den restlichen Dampf ablassen.

5 Den Deckel öffnen und die Äpfel mit einem Pürierstab zu Mus verarbeiten.

RHABARBER-ERDBEER-SOẞE

1 Liter

1 Std.
5 Min.

Leicht

Zutaten

500 g Erdbeeren, TK
500 g Rhabarber, geschnitten
1 EL Zitronensaft
2 EL Wasser
¼ TL Vanillepaste
4 EL Zucker

Nährwerte p. P.

507 kcal
103 g Kohlenhydrate
2 g Fett
7 g Eiweiß

1 Erdbeeren und Rhabarber mit ein wenig Wasser in den Multifunktionskocher geben. Den Deckel verschließen, das Ventil ebenfalls schließen. Im Modus "Manual" 2 Minuten kochen.

2 Den Druck anschließend von selbst entweichen lassen. Den übrigen Dampf händisch ablassen und den Deckel langsam öffnen.

3 Geben Sie die übrigen Zutaten in den Multifunktionskocher und verrühren alles gut miteinander.

4 Zunächst "Cancel" drücken und dann im Modus "Sauté" 15 Minuten köcheln lassen.

APFELBUTTER

10 Port. 6,5 Std. Leicht

Zutaten

400 g brauner Zucker
2,5 kg Äpfel
400 g weißer Zucker
1 Tasse Apfelsaft
1 Vanilleschote
½ Pck. Geliermittel
200 g Gelierzucker 2:1

Nährwerte p. P.

567 kcal
137 g Kohlenhydrate
0 g Fett
0 g Eiweiß

1 Die geschälten Äpfel vom Kerngehäuse befreien und fein reiben. Anschließend in den Innentopf des Multifunktionskochers füllen. Die Vanilleschote der Länge nach halbieren und gemeinsam mit allen übrigen Zutaten zu den Äpfeln geben.

2 Manuell 110 °C einstellen und alles zum Kochen bringen. Anschließend 95 Grad einstellen und für 5 Stunden bei geschlossenem Deckel, aber offenem Ventil köcheln lassen. Die Masse wird bräunlich.

3 Den Deckel öffnen und weitere 60 Minuten köcheln lassen. 5 Minuten vor Ablauf der Zeit alles ganz fein mit einem Pürierstab pürieren.

4 Mischen Sie das Geliermittel mit dem Gelierzucker. Rühren Sie diese Mischung unter die bräunliche Apfelmasse.

5 Verteilen Sie die Apfelbutter auf Schraubgläser und stellen diese eine Minute auf den Kopf.

ARTISCHOCKEN-SPINAT-DIP

 10 Port.

 6 Min.

 Leicht

Zutaten

500 g TK-Spinat, gehackt
200 g Frischkäse
1 Dose Artischockenherzen
1 EL Knoblauch
200 ml saure Sahne
½ Tasse Hühnerbrühe
2 Tassen Parmesan, gerieben
1 TL Salz
¼ TL Pfeffer
2 Tassen Cheddar-Käse

Nährwerte p. P.

2093 kcal
23 g Kohlenhydrate
157 g Fett
141 g Eiweiß

1 Die Artischocken, den Frischkäse, den Spinat, die Brühe, die saure Sahne, Pfeffer, Salz und Knoblauch im Multifunktionskocher vermengen.

2 Deckel und Ventil verriegeln. Im Modus "High Pressure" 4 Minuten kochen.

3 Den Dampf manuell entwichen lassen und den Deckel langsam öffnen.

4 Einmal durchrühren und beide Käsesoten einrühren.

CRANBERRY SOßE

3 Port.

8 Min.

Leicht

Zutaten

200 g Preiselbeeren, TK
1 Tasse Zucker
½ Tasse Wasser
Saft und Schale einer Orange
½ TL Zimt

Nährwerte p. P.

294 kcal
71 g Kohlenhydrate
0 g Fett
0 g Eiweiß

1 Geben Sie alle Zutaten in Ihren Multifunktionskocher und vermengen Sie sie gut miteinander.

2 Den Deckel und das Ventil verriegeln. Im Modus "High Pressure" 8 Minuten garen. Den Dampf manuell entweichen lassen.

TOMATENSOẞE

4 Port. 30 Min. Leicht

Zutaten

1 Zwiebel, fein gewürfelt
2 Dosen Tomaten, geschält
5 EL Olivenöl
2 Knoblauchzehen, fein gehackt
½ TL Zucker
1 Handvoll Basilikum
Pfeffer und Salz
1 TL Oregano

Nährwerte p. P.

291 kcal
20 g Kohlenhydrate
20 g Fett
5 g Eiweiß

1 Das Programm "Anbraten" einstellen und im Topf 1 EL Öl erhitzen. Den Knoblauch und die Zwiebel andünsten.

2 Mit dem Zucker karamellisieren lassen und die Tomaten, den Oregano, das übrige Öl und ein wenig Salz dazugeben.

3 Den Deckel und das Ventil schließen, den Modus "Dampfdruck" und 12 Minuten einstellen.

4 Anschließend 10 Minuten warten und den Druck entweichen lassen. Den Restdampf dann manuell ablassen und den Deckel langsam öffnen.

5 Das Basilikum fein hacken, unterrühren und mit Pfeffer und Salz würzen.

HUMMUS

8 Port.

1 Std.

Leicht

Zutaten

225 g Kichererbsen, getrocknet
2 Lorbeerblätter
1 Zwiebel
1 Knoblauchzehe
1 TL Kreuzkümmel, gemahlen
4 Tassen Wasser
¼ Tasse Zitronensaft
1 Tasse Tahini
1 TL Salz

Nährwerte p. P.

191 kcal
6 g Kohlenhydrate
14 g Fett
8 g Eiweiß

1 Geben Sie die Kichererbsen in den Multifunktionskocher und fügen Sie die geschälte, halbierte Zwiebel, die Lorbeerblätter und den ganzen Knoblauch hinzu. 1 TL Salz darüber verstreuen.

2 Mit 4 Tassen Wasser angießen und sowohl den Deckel als auch das Ventil schließen.

3 Im Modus "High Pressure" für 60 Minuten garen. Den Dampf entweichen lassen (ca. 20 Minuten).

4 Anschließend vorsichtig den Deckel öffnen. Nehmen Sie die Lorbeerblätter und die Zwiebel heraus. Entfernen Sie auch den Knoblauch. Pürieren Sie diesen mit dem Zitronensaft.

5 Die Kichererbsen in eine Schüssel füllen und mit dem pürierten Knoblauch, Kreuzkümmel und ¾ der Flüssigkeit aus dem Multifunktionskocher pürieren. Geben Sie Tahini dazu und pürieren alles nochmals.

6 Mit Olivenöl anrühren und nach Bedarf salzen.

Bonus: Joghurt

JOGHURT

3 Port. | 8 Std. 20 Min. | Leicht

Zutaten

1 l Milch
2 EL Naturjoghurt
2 EL TK-Früchte
2 EL Zucker
½ TL

Nährwerte p. P.

274 kcal
26 g Kohlenhydrate
13 g Fett
11 g Fett

1 Die Milch in den Multifunktionskocher geben und auf 83 °C erhitzen. Hierfür den Modus "Joghurt" - "Adjust" - "boil" einstellen. Ein einfacher Glasdeckel ist ausreichend.

2 Das Spülbecken mit kaltem Wasser füllen und den heißen Topf hineinstellen. Mithilfe eines Küchenthermometers die Milch so lange rühren, bis sie nur noch 40 Grad hat.

3 Rühren Sie den Joghurt hinein.

4 Diese Mischung nun auf Gläser verteilen, verschließen und in den Multifunktionskocher stellen. Im Modus "Joghurt" - "Adjust" 8 Stunden eingeben und einen Glasdeckel auflegen.

5 Anschließend kann der ausgekühlte Joghurt nach Belieben mit Vanillepaste, Zucker oder Früchten serviert werden.

SCHOKOLADENJOGHURT

3 Port. 10 Min. Leicht

Zutaten

1 EL Naturjoghurt
650 ml Schokoladenmilch
Erdbeeren und Schokoladensplitter

Nährwerte p. P.

136 kcal
23 g Kohlenhydrate
3 g Fett
1 g Eiweiß

1 Den Joghurt mit 400 ml Schokoladenmilch verrühren. Die übrige Schokoladenmilch in den Multifunktionskocher geben und die angerührte Mischung unterrühren.

2 Den Deckel schließen und im Modus "Joghurt" für 8 Stunden garen.

3 Den Joghurt auf Gläser verteilen und mit Frischhaltefolie verschließen. Weitere 8 Stunden im Kühlschrank kühlen.

4 Mit aufgeschnittenen Erdbeeren und Schokoladensplittern garnieren.

QUARK

4 Port. 8 Std. 20 Min. Leicht

Zutaten

1 l Buttermilch

Nährwerte p. P.

170 kcal
20 g Kohlenhydrate
2 g Fett
17 g Eiweiß

1 Füllen Sie die Buttermilch in den Multifunktionskocher. Verschließen Sie den Deckel, Dampf sollte aber entweichen können. Den Joghurt-Modus einstellen. 8 Stunden sind hier Standard.

2 Anschließend ein Tuch über einer Schüssel ausbreiten, hier tropft nachher die Molke ab.

3 Die Masse nun auf das Tuch füllen und für 9 Stunden in den Kühlschrank stellen.